BuddhAll

BuddhAll.

All is Buddha.

BuddhAll

佛教的重要經典

大般若波羅蜜多經卷第二百八
三藏法師玄奘奉　詔譯
初分難信解品第三十四之二十七

佛教的經典是怎麼來的？
佛教中有哪些重要的經典？
想了解佛法，應該從那些經典開始讀起？
本書介紹佛經的起源、演變，及讀經的要領，並羅列百餘部佛經，加以系統分類，不但讓讀者掌握佛教經典宣說、傳譯的全貌，也能了解每部經典的內容大要及說法的因緣，引領讀者進入佛經的智慧大海！

目錄

出版緣起

佛法的深妙智慧，是人類生命中最閃亮的明燈，不只在我們困頓、苦難時，能撫慰我們的傷痛；更在我們幽暗、徘徊不決時，導引我們走向幸福、光明與喜樂。

佛法不只帶給我們心靈中最深層的安定穩實，更增長我們無盡的智慧，來覺悟生命的實相，達到究竟圓滿的正覺解脫。而在緊張忙碌、壓力漸大的現代世界中，讓我們的心靈，更加地寬柔、敦厚而有力，讓我們具有著無比溫柔的悲憫。

在進入二十一世紀的前夕，我們需要讓身心具有更雄渾廣大的力量，來接受未來的衝擊，並體受更多彩的人生。而面對如此快速遷化而多元無常的世間，我們也必須擁有十倍速乃至百倍速的決斷力及智慧，才能洞察實相。

同時在人際關係與界面的虛擬化與電子化過程當中，我們也必須擁有更廣大的心靈空間，來使我們的生命不被物質化、虛擬化、電子化。因此，在大步邁向新世紀之時，如何讓自己的心靈具有強大的覺性、自在寬坦，並擁有更深廣的慈悲能力，將是人類重要的課題。

生命是如此珍貴而難得，由於我們的存在，所以能夠具足喜樂、幸福，因自覺解脫而能離苦得樂，更能如同佛陀一般，擁有無上的智慧與慈悲。這菩提種子的苗芽，是生命走向圓滿的原力，在邁入二十一世紀時，我們必須更加的充實。

因此，如何增長大眾無上菩提的原力，是〈全佛〉出版佛書的根本思惟。所以，我們一直擘畫最切合大眾及時代因緣的出版品，期盼讓所有人得到真正的菩提利益，以完成〈全佛〉（一切眾生圓滿成佛）的究竟心願。

《佛教小百科》就是在這樣的心願中，所規劃提出的一套叢書，我們希望透過這一套書，能讓大眾正確的理解佛法、歡喜佛法、修行佛法、圓滿佛法，讓所有的人透過正確的觀察體悟，使生命更加的光明幸福，並圓滿無上的菩提。

因此，《佛教小百科》是想要完成介紹佛法全貌的拼圖，透過系統性的分門別類，把一般人最有興趣、最重要的佛法課題，完整的編纂出來。我們希望讓《佛教小百科》成為人手一冊的隨身參考書，正確而完整的描繪出佛法智慧的全相，並提煉出無上菩提的願景。

佛法的名相眾多，而意義又深微奧密。因此，佛法雖然擁有無盡的智慧寶藏，對人生深具啓發與妙用，但許多人往往困於佛教的名相與博大的系統，而難以受用其中的珍寶。

其實，所有對佛教有興趣的人，都時常碰到上述的這些問題，而我們在學佛的過程中，也不例外。因此，我們希望《佛教小百科》，不僅能幫助大眾了解佛法的名詞及要義，並且能夠隨讀隨用。

《佛教小百科》這一系列的書籍，期望能讓大眾輕鬆自在並有系統的掌握佛教的知識及要義。透過《佛教小百科》，我們如同掌握到進入佛法門徑鑰匙，得以一窺佛法廣大的深奧。

《佛教小百科》系列將導引大家，去了解佛菩薩的世界，探索佛菩薩的外相、內義，佛教曼荼羅的奧祕，佛菩薩的真言、手印、持物，佛教的法具、宇宙觀……等等，這一切與佛教相關的命題，都是我們依次編纂的主題。透過每一個主題，我們將宛如打開一個個窗口一般，可以探索佛教的真相及妙義。

而這些重要、有趣的主題，將依次清楚、正確的編纂而出，讓大家能輕鬆的了解其意義。

在佛菩薩的智慧導引下，全佛編輯部將全心全力的編纂這一套《佛教小百科》系列叢書，讓這套叢書能成為大家身邊最有效的佛教實用參考手冊，幫助大家深入佛法的深層智慧，歡喜活用生命的寶藏。

佛教的重要經典——序

許多想接觸佛法的朋友們，經常會遇到相同的困擾：佛教的經典為什麼這麼多，到底要讀那一本才好？

的確，佛教的經典廣大浩瀚，常讓人不知如何著手，只能望著寶山徒自興嘆。而即使有緣研讀者，也多侷限於坊間常見的經典，無法綜觀佛教智慧森林的全貌，非常可惜。

這也就是《佛教的重要經典》出版的緣起，本書除了介紹佛教經典的起源、流傳演變過程，並從浩瀚的佛經中選出重要的經典，包含小乘、大乘經典、密教經典及戒律經典、論典等共計百餘部，介紹每部經典的內容、特色，及流傳的過程，除了幫助讀者提綱挈領，總覽佛法智慧經藏的全貌之外，最終的目的是幫助大家依據經典圓滿成就。

佛教的經典，主要是指佛陀及佛弟子所宣說的教法。早期的經、律，只是隨機說法，口耳相傳，並未系統化整理。一直到佛陀入滅之後，佛弟子們為了防止教法佚失，透過結集將佛陀的教法，以誦出的方式共同審定，再編成次第，而結集成「經」（說法）、「律」（戒律）、「論」（解釋經的論典）等三藏，等於是一切佛陀教法的總集。

經過原始佛教、部派佛教、大乘佛教時期，乃至密教的形成，有越來越多的經典和論書成立，佛教的經典也就更加豐富了！佛法傳入中國後，佛教的經典隨之陸續傳入並譯成漢文，數量多了之後，就開始有經典的彙總，這就是「大藏經」，又稱為「一切經」。

大約在公元前後，佛經開始有文字的記錄型態出現，從刻在銅器、石版上，及寫在樹葉上的貝葉經，到書寫在絹布、紙張上，乃至近代的大量印刷、最新的電子佛經，佛經記錄流傳的型態也與時俱進。

了解了佛經的起源與演變，還是要回歸到經典存在的根本目的-幫助我們解決生命的問題。因此，如何運用這些廣大的智慧寶藏，也是本書的重點。經典就如同指月的手指，雖然並非智慧自身，卻能幫助我們悟入實相。

本書中所介紹的讀經要領，能幫助大家排除讀經之前的困惑，例如：要從那些經開始讀起？專有名詞不懂時怎麼辦？專讀一經好還是博覽群經好？……讓大家在讀經之前先去除心中的疑惑，再利用情境導引的方式，讓自己在讀經時就加入經中的法會，與經相契，進而深化到生活中，讓我們的生命依經而成就。

確立了大目標，在本書的第二篇中，選出了佛教中重要的經典百餘部，分成原始聖典、大乘經典、密教經典、戒律聖典、小乘論書、大乘論書等六大類，為讀者作精要的介紹。

一、原始聖典：原始聖典是指從佛陀開始弘法，到其滅度後約百年間，到部派分裂之前的初期佛教所宣說的經典。這個時期的佛教教義，以四諦、八正道、十二因緣、無常、無我等教義為核心。這個時期的代表性經典為四部《阿含經》。

二、大乘佛教：大乘佛教運動大約在公元前後開始發展，在思想內涵上以度化一切有情的大乘菩薩道為主軸。此運動持續至西元七、八世紀，其間所成立的大乘經典，現今尚留存者，漢譯本約有一千二百部，藏譯本約一千九百部。

印度的大乘佛教，大體上可分為初期、中期、後期三期：

初期大乘的經典，以般若諸經為代表；中期的大乘佛教經典可分為如來藏（如：《如來藏經》）和瑜伽行派（如：《解深密經》）二大派別，也有綜合此二者的，（如：《楞伽經》），後期的大乘佛教，則是密教興起。

三、密教經典：密教以如來的果地思惟，強調密法是迅疾成就的秘密法門。密教的經典，由於其系統龐大，所開出的經典法門也很多，其中尤以傳中國和日本、西藏的密教最為明顯。《大日經》、《金剛頂經》、《理趣經》等都是重要的經典。

四、戒律聖典：戒律起源修行團體和合共住的規範，然而演變到後來的大乘菩薩戒更是將戒律的層次由原先的行為戒提昇到動機戒的層次。在漢譯藏經中，屬律部的典籍有《四分律》、《十誦律》等，屬於闡揚大乘菩薩戒的則有《菩薩地持經方便處戒品》、《梵網經》等。

五、小乘論書：在第一次的教法結集中，佛弟子對經和律都做了分類整理，並將難解的語句下定義加以說明，對教理和修行的法門也加以體系化、組織化，而形成了所謂的「阿毗達磨」（論書），集結起來之後就成為論藏，而形成部派佛教（小乘）的特徵。重要的部派的論書有《發智論》、《大毗婆沙論》、《俱舍論等》。

六、大乘論書：大乘佛教興起之後，出現了許多大乘經典和論書。初期大乘的偉大論師有龍樹、提婆等人。龍樹著有《中論》、《大智度論》等重要論書，提婆也著有《百論》、《四百論》等書。中期大乘著名的論師為數極多，如：彌勒、無著、世親、護法等都是這個時期的重要論師。屬於瑜伽行派的論書有《瑜伽師地論》、《攝大乘論》、《成唯識論》，如來藏系統則有《佛性論》、《寶性論》等。綜合二者有《大乘起信論》一書。中期大乘的經典與論書，傳譯到中國者數量相當多，從南北朝到隋唐的中國佛教，就是以此時期的經論為主體思想而開花結果。

本書將佛教中的重要經典，以系統分類介紹，除了讓大家能提綱契領，一覽佛法浩瀚的智慧寶藏，最終的目的，還是祈願讀者能受用這無盡的寶藏，在生命中的暗夜，能用佛法智慧的火炬引燃一點溫暖的光明，照亮人生的旅途，臻至圓滿的光明幸福！

第1篇

佛教的經典概論

第一章 佛經的起源

佛教的經典，主要是指佛陀所宣說的教法，具體而言，則是包含了「經」、「律」、「論」三藏。

在釋尊時代，實際上存在的教法是可以分為「法與律」（dhamma-vinaya）。兩大部份。此處的「法」（dhamma）是指「佛所說的教法」。這些教法後來就結集為「經藏」。但在這些容納法的經典中，並不只包含佛的直接說法，同時還包含一些出家與在家的佛弟子、梵天與帝釋等神祇、夜叉、鬼神等等所說的法。而這些佛陀之外天人等眾生所說的法，也都經過佛陀的印可證明，是正確的法，因此也可以視之為佛說。

所謂「律」（vinaya），是佛教出家教團日常生活規則的總集，由於這些規則都是佛所制定的，所以可包含於廣義的佛說之中。早期的經、律，是只用口傳而未形諸文字的。

佛教經典的書寫筆錄，根據巴利系統所說，在西元前一世紀錫蘭王婆他伽瑪尼時代，巴利聖典開始變成錫蘭文字。在北方佛教中的說一切有部，依據第二世紀所編集刻在銅板上的《大毗婆沙論》，據推測大概這個時候已有書寫經典的風氣了。佛教是最先開始將經典書寫筆錄下來的非官方或商業團體，打破了印度口耳相傳的古習。

在佛教第一次結集中，將佛教聖典依性質分為經、律、論三種聖典，也就是所謂的「三藏」，在中國則稱為「一切經」或「大藏經」。唐代的玄奘大師又被尊稱為「唐三藏」，即「三藏法師」，也就是通曉三藏聖典或一切聖典的大師。

在第一次的佛法結集中，結集了「法與律」，法就是經的內容，經典就逐漸地被整理完成。最初這些教法並沒有五部與四阿含的分類組織，而是在傳承期間才被分類整理的，這就是《阿含經》（agama）四種或五種的分類。「阿含」一詞是「傳承」的意思，指的是從釋尊時代所傳承下來的經典。

第一次結集以後，對經和律都做了分類整理，並將難解的語句下定義加以說明。對教理和修行法也加以體系化，對律的戒條與作法規定也有所說明，並加以體系組織化。像這樣對經（法）與律的種種研究稱為「對法」（abhidharma，abhidhamma，阿毗達磨）和「對律」（abhivinaya，阿毗毗奈耶）。

可是，在阿毗達磨的研究逐漸發達以後，不久就產生了無法納入經典的不同的文學形式，這種獨立的文獻就被稱為「阿毗達磨」，即論書。將這個集錄起來就稱為「論藏」，這就是論藏的成立。至此，佛教聖典的「經」、「律」、「論」三藏的體系更加具體了，也為後世的眾生留下豐富的智慧寶藏。

偉大的說法者——佛陀

現在所指的佛經，大部份還是佛陀所宣說的。要了解佛教的經典，首先我們要認識這位偉大的說法者——佛陀。

大約在公元前五百餘年，佛陀出生於北印度的迦毗羅衛城，為該城城主淨飯王的太子。姓喬答摩，名悉達多，成道後，被尊稱為「釋迦牟尼」，意思是「釋迦族的貴人」。

佛母摩耶夫人，在太子出生後不久就去世了，太子由姨母波闍養育。及長之後，學習文武各種技藝，都能完全通曉。接著，在十七歲時，迎娶拘利城主善覺王的女兒耶輸陀羅為妃。

釋尊在當太子時，曾到王城的四門出遊，遇到老、病、死者以及沙門，又見到蟲鳥相食，感受到世間無常的痛苦，不可依恃，所以他時常一人獨自安坐禪定。後來生下一子羅睺羅，心想王室已有繼嗣，所以便想出家修行。他在二十九歲（一說十九歲）時，悄悄的離開王宮，成為出家修行的沙門。

佛陀轉法輪像

出家之後，太子到處參訪求道，但是後來發現當時著名的導師所教授的都不是解脫之道，於是他又渡過西南方的尼連禪河，進入伽耶附近的森林，自己思惟修行，決心依靠自力，來達到究竟解脫。

在這之前，淨飯王曾派遣使者，勸請太子返鄉。但是釋尊寧願精進於解脫之道，也不願回國。因此，使者憍陳如等五人，便隨從太子共修，成為修行的伴侶。

此後數年之間，太子在苦林中，實行減食、斷食等苦行，日食一麻、一粟。但是最後，他體悟到苦行並非得道之因，所以就離開苦行林，進入尼連禪河中沐浴，並接受牧羊女乳糜的供食，得以恢復身體的力氣。

釋尊後來獨自到菩提樹下，在金剛座上鋪上吉祥草，面向東方安坐，下定決心若不成證無上的正覺，則不起此座。經過七日（一說四十九日）之後，在破曉時分，當看到了東方一顆燦爛的明星時，他廓然大悟了，證得圓滿完全的體悟，即阿耨多羅三藐三菩提。他當時年為三十五歲（一說三十歲）。此後，他遂以「佛陀」（覺者）、「世尊」等名號，為世間所知。

佛陀成道之後，仍暫時停留在菩提樹下，受用解脫之樂。然後思惟，是否應當對其他人宣說他自覺的勝法？當時娑婆世界的主宰大梵天王，前來勸請佛陀住世說法。佛陀受請之後，經過觀察，首先前往鹿野苑，為憍陳如等五人說法，使他們得道，這稱為初轉法輪，也就是佛陀在人間最初的說法。

根據佛典中的記載，初轉法輪時，佛陀演說了四聖諦及八正道等法要，教導眾生如何觀照生命與宇宙的實相，並遠離愛欲及苦行二邊，而實行中道。

接著佛陀又教化其地的長者耶舍等。又前往尼連禪河附近的優婁頻螺聚落，度化事火外道的優婁頻螺迦葉、那提伽葉、伽耶迦葉等三兄弟，及其弟子一千人。又入王舍城，為摩偈陀國王頻婆娑羅說法，並得到他的皈依。當時有伽蘭陀長者，願將所擁有的竹園獻給佛陀，國王就在園中建立精舍，迎請佛陀前來居住，這就是有名的迦蘭陀竹林精舍。

後來佛陀又教化刪闍耶外道，及住在王舍城附近的舍利弗、大犍連及其徒眾二百五十人，都皈依佛陀成為其弟子。到了此時，佛陀共有弟子一千二百五十人，形成了具規模的僧團。

隨後，佛陀因為父親淨飯王的迎請，而回到迦毗羅衛城，為父王、妃子等說法。當時以佛陀的異母弟弟難陀為始，羅睺羅、阿㝹婁陀，阿難陀，提婆達多等釋迦貴族子弟，和釋迦族的理髮師賤民優婆離等，同時出家成為佛弟子。在種姓階級制度嚴格分明的古印度，佛陀讓賤民出家成為比丘等於是一場大革命，然而佛陀卻極平和而堅定的實踐一切眾生平等的主張，對當時的印度社會造成極大的衝擊。

後來，佛陀又前往王舍城，為舍衛城的長者須達多說法，長者聽法後極為感動，回國後就買下太子祇多所擁有的園林，在林中建立精舍獻給佛陀，這就是著名的祇樹給孤獨園。

佛陀應須達多長者之請，遊行舍衛城，教化國王波斯匿王。又應毗舍離國王之請，遊化該國。後來為了調停迦毗羅衛城和拘利城之間，有關水利的諍論，再

鹿野苑——佛陀初轉法輪之地

鹿野苑的名稱由來，與佛陀的本生有關，傳說在往昔佛陀行菩薩行時，與提婆達多都是鹿王，各自領導著五百餘隻的鹿。

當時有國王遊獵於此，釋尊化生的菩薩鹿王，看到這種情形，恐怕鹿族將滅，所以向大王請求道：「大王如果每天大肆屠獵，那麼我的族群，很快將命喪殆盡。所以，我願意每天送出一隻鹿，不只國王可以吃到新鮮的肉食，我們也可以延續旦夕之命。」國王聽了之後，認為很有道理，就同意了這項協定。

鹿群也依約每天奉獻一隻鹿給大王。有一天，輪到一隻懷孕的母鹿應當受死，但是母鹿由於不捨胎中的鹿兒，就向鹿王祈求。菩薩鹿王聽了之後，就自己進宮代替母鹿。國王見鹿王親自來受死，感到很奇怪，就問其源由，菩薩鹿王也如實稟告。國王聽了之後，深深的感動，便宣佈將群鹿完全釋放，嚴禁有人遊獵殺害鹿群，並且指定此地的森林為鹿群居住處所，這是鹿野苑名稱的由來。

回迦毗羅衛城，適逢父王崩逝，因此參與其葬。當時姨母波闍波提及太子妃耶輸陀羅等，都出家成為佛弟子，從此才開始有了比丘尼的教團。後來佛陀遊行各國說法，教化覺悟無數的眾生。

佛陀在說法教化的過程中，也經常面對許多質疑，他總是平和的，大多採用對談的方式來解答。對人們錯誤的觀念，他並不正面地破斥，不用否定的言行；反而是溫和的態度，在相互的對談中，以各種善巧的說法、譬喻，使聽者自覺。對那些難於理解的奧義，則列舉適當的比喻，使對方了解。

而佛陀說法時所使用的語言，有時用釋迦族的言語，或者是與摩揭陀國、憍薩羅國等中印度的語言混合使用，盡量以聽法者熟悉的語言來讓人易於了解。佛陀嚴於自律，對僧團弟子們的不恰當行為，也往往嚴予教誨。雖然他的態度如此嚴謹，卻又如此溫柔，在與人對談時，總會以溫和的態度，巧妙的譬喻，給予啟發，令人如沐春風。

受到佛陀的教化，當時各國的國王、長者，都成為佛教信奉者、支持者、施主。當時印度人，把釋尊的偉大媲美於傳說中統治世界的轉輪聖王，更把他的說法比作轉輪聖王征服世界的武器，也就是破邪顯正的輪寶，而稱之為「轉法輪」，並以此來象徵佛陀的教說。在佛陀初次說法的鹿野苑聖地，阿育王曾立一石柱，並在柱頭上雕刻四頭獅子和法輪，就是象徵佛陀轉法輪。

釋尊一生的弘法生涯，大約有四十餘年，最後在世壽八十歲時，於拘尸那羅入於涅槃。

他以無比的悲智願行，為眾生提出中正、和平的解脫途徑；導以正法，齊以律行，為眾生樹立起自覺覺他的偉大典範。

釋尊在世時，並不曾親手將自己的教說寫成經典。當時的弟子也沒有用文字紀錄下來。

佛陀入滅之後，對僧團造成極大的衝擊，加上有些愚昧的弟子，以為佛陀入滅之後，再也沒有人會約束他們了，這也使得僧團中的長老意識到必須將佛陀教法結集，作為後世學人依止。

阿育王豎立的石柱，象徵佛陀轉法輪

佛經的結集

佛陀滅度之後，佛弟子們為了使佛陀的教法長住於世，於是以摩訶迦葉的為上首，召集了佛弟子中五百位開悟的大阿羅漢，進行佛陀遺教的結集，也就是佛經的結集。

結集是「合誦」或「會誦」的意思，也就是集合僧眾，誦出佛陀遺教，並加以審訂、編次的集會，又稱「集法」、「集法藏」、「結經」。佛陀滅度以後，諸弟子以集會，各誦出其所親聞之法的方式，甄別異同，辨明邪正，以集成佛所說之法藏，如此一方面可防止遺教之散失，又可確立教權。

結集的過程，大致經過以下三個階段來審定：

1. 誦出：由聖弟子就其記憶所及而誦出。

2. 共同審定：將誦出的文句，經與會大眾共同審定，以判定是否為佛陀所說，是否為合乎佛法。阿難在參與結集的過程中，曾如是對大眾說：「對我所誦出的佛陀教法，若是如法者願大眾隨喜，若不如法，應當遮除，若不相應也當遮除，千萬不要因為敬重我而不遮除，我所誦出之法，是否合乎法義，願諸位長老告知。」

3.編成次第：經過大眾的審定之後，再將佛陀所說的教法分成說法的「經」及戒律的「律」兩大部分，即將誦出的經與律，分為部類，編成次第，甚至結為「溫柁南」（十句經為一偈）以便記憶奉持。

歷史上佛經結集大致上有四次：

第一次結集是在佛陀入滅之後，在阿闍世王的護持之下舉行。當時五百阿羅漢會集於摩揭陀國王舍城外的七葉窟，以摩訶迦葉為上首，由多聞第一的阿難誦出經藏，持戒第一的優婆離誦出律藏。

此次結集又稱「五百集法」、「五百結集」、「五百出」。《有部毗奈耶雜事》卷三十九記載有當時結集的情形。

第二次結集，是在佛滅百年時，毗舍釐附近的跋耆族比丘就戒律產生異見，行「十事非法」。為此，七百比丘集會於毗舍離城，以耶舍為上首而舉行結集。

此次結集稱為「七百集法」、「第二集法藏」、「第二集」。

第三次結集，相傳係於佛陀滅度之後的二三六年舉行。當時由於阿育王的護持，一千比丘會集於摩揭陀國波吒釐子城阿育僧伽藍，以目犍連子帝須為上首。然而此次結集，僅記載於南方所傳的經典。

第四次結集，相傳是在佛陀入滅後四百年舉行。在迦膩色迦王護持下，會集迦濕彌羅國之五百阿羅漢，以脇尊者、世友二人為上首，共同結集三藏，並附加解釋。當時所集論藏的解釋即現存的《大毗婆沙論》，所以又稱之為「婆沙結集」。

第二章 佛經的演變

文字經典的形成

佛陀一生的教法，在佛滅度後經過弟子們首次結集，形成經、律、論三藏的型態，但仍是以口耳教授傳承，尚未形成文字記錄的佛經形態。直到西元前後，才逐漸開始用文字記錄佛法。

在毘普拉瓦佛塔遺址發現的舍利容器，由上面的銘文，可證明久遠以前即有文字。到了阿育王時代雖然曾下令以梵書體和佉盧虱底體，將法敕刻在摩崖及石柱上，但此時仍未發現有用文字紀錄佛典的跡象。神聖的佛典，仍完全由嚴謹的長老口傳弟子，這是中印度的傳統精神。

然而南方佛教，在西元前一世紀，也就是錫蘭阿跋耶婆荼迦摩尼王時，已開始用巴利語（受摩揭陀語影響）記錄佛典，這是南方上座部教團用巴利語記錄三藏的起源。北方的佛教，到第二世紀的迦膩色迦王時代，則有《大毘婆沙論》的結集。據傳，他們將此經文錄刻在紅銅片上面，並放在石函中。這雖然不是佛典紀錄的起源，但由以上各點，可以推知印度佛教到西元前後，可能是由邊境地帶的教團，開始用文字紀錄佛法。

由於阿育王以後，佛教已傳遍印度全土；隨著教團的社會性發展，波斯人、希臘人等國人也皈依佛教，參加教團。尤其，西北印度的邊境地帶已成為印度佛教的一個中心，該地新製作佛像、新紀錄經典的工作，不久就越過國境，而有向國外發展的前兆與趨勢。佛陀教法從口耳相授到形成文字記錄，可以說是佛教廣大傳佈到世界各地的重要因素。

現在的佛教傳佈，是以亞洲世界為中心的佛教文化圈之成立，這可說是印度佛教徒在各時代，用已開發的交通路線，從事佈教傳道的結果。

印度佛教傳佈到印度本土之外的最早的路線，是西域的陸路，也就是著名的「絲路」。第二世紀時，貴霜王朝的迦膩色迦王，建立了犍陀羅佛教國，自西北印度地跨越中央亞細亞。因此，佛教的中心地點，就從原先的恆河流域，轉移到印度河上游。東西貿易的路線絲路列入佛教圈中，也是印度佛教傳佈的路線延伸到中國洛陽的結果。

佛教經典剛開始以文字記錄時，並不是寫在紙上，公元紀元前後，印度佛教逐漸進入文字紀錄時代。祇是後漢蔡倫的世界性發明。印度是用植物的樹葉或樹皮來書寫文字，與埃及的巴比路斯（papirus）相似。印度人將多羅樹葉切成整齊的長方形，在上面書寫佛經，就成為「貝葉經典」。另外也有所謂的「樺皮經典」，是指在不產多羅樹的高原山麓地帶，取繁茂的白樺樹樹皮所書寫的經典。近代世界各國在中國央亞細亞古代遺址作考古學的調查，結果在古代佛寺遺址，發現了許多梵文貝葉經典，以及用佉盧虱底（Karositthi）文字書寫的樺皮經典，還有西域文字的紙本經典。

公元四世紀以後，印度笈多王朝成立，當時的梵書體（Brahmi）已分為草書體和寫經體，並開始盛行書寫經典。但是，當時各部派的僧團似乎還沒有用梵文寫的三藏，師徒之間口頭傳承教法的風氣，還是很盛。可是，為了向外國傳播佛教，正確紀錄的梵本與貝葉經典是基本的條件，正確文字記錄的經典，可以說是佛法長住久存、普及傳播的重要因素。

後來，佛教流行的地方，用梵書體這一系統的笈多文字成為梵文書寫的主流，並受到尊重。這種寫經體文字，隨著地域、年代，有些微小的變化，在西域的于闐、龜茲都曾被使用過，並經中國傳到日本，這也就是後世所謂悉曇文字的源流。傳到日本的大乘經典的梵本，是在九世紀以前的唐朝，由入唐僧帶回日本的。

大乘佛教與漢文經典

佛教從印度傳入中國之後，許多梵文經典也隨之傳入，第二世紀中葉開始有佛典的漢譯出現。以後，由六朝的舊譯時代，進入唐宋的新譯時代，其間約一千年持續努力的結果，乃完成了許多漢文大藏經。這個輝煌的成果與強調寫經功德的大乘佛教信仰，以及中國紙筆墨等文具的發達等客觀條件，都有密切的關係。

中國文字是象形文字，最早是把文字刻在龜甲、獸骨上，到了重視銅器文字的先秦時代，平常是在竹簡、木札上記錄文字。至於取代以上的方式，用縑、帛作為文具，是漢代養蠶事業發達以後的事。東漢元興年（公元一〇五年），蔡倫發明紙以後，更讓中國文字佛經的普及埋下了重要的契機。

佛教傳入中國時，雖然已發明了造紙術，但還並不普及，漢譯的佛典還是以書寫在縑、帛上居多。印度佛教一進入文字紀錄時代，即在古來所主張的的誦持之外，又重新強調書寫的功德，就像在造塔的功德之外，又加上了造像的功德。

第二世紀後半，支婁迦讖譯出的《般舟三昧經》中，就提到了造佛像及在白絹書寫經典的功德。

在高僧傳中，曾提到朱士行將《放光般若經》寫在十四匹縑上。多年前，法國授伯希和在敦煌石窟，發現了在帛上書寫的《無量壽經》下卷根據考證，這是五世紀的寫經，也可以說是佛教傳入中國時，在縑、帛下寫經的證據。

用新發明的紙來書寫漢文經典，從六朝開始到隋唐漸漸興盛。由於造紙技術與筆、墨等日益改良，也造成了「裝飾經」的發達。「裝飾經」是指在黃紙或紺紙上，用金銀泥書寫的經典，西域吐魯蕃出土的古寫經中，有許多六朝時代的斷片殘簡，可惜都沒有記載寫經的年代和時間。由甘露元年（西元二六五年）的《譬喻經》；元康六年（西元二九六年）的《諸佛要集經》；建初七年（西元四一一年）的《法華經》等著名經典，可以看出中國佛教初期寫經的形式。

這些寫經的行間和天地線都很粗，而且是用古雅的隸書體文字，仍留有很多本簡和帛書的痕跡。當時的寫經格式，行間字數並沒有嚴格的規定，大約每行在十九字左右。每行以十七個字的楷書體書寫的經典，則都是第五世紀末到第六世紀的作品。

法華經經卷・日本・長谷寺藏

隨著大乘經典的廣佈，經中常稱誦書寫與讀誦經典的功德，再加上文具紙筆墨的改良，不僅書寫佛典的風氣盛行，也造成了寫經體文字的發達。中國寫經的字體，大多用嚴謹的楷書體抄寫，以每行十七個字寫成。

「黃卷赤軸」是中國佛典的形態，「黃卷」是用黃檗染白紙，如此能防止蟲蛀，後來則發展成用金銀泥字在紫紙和紺紙上書寫，並附上七寶軸作裝飾的華麗經典，也就是所謂的「裝飾經」，這時的寫經目的不同於原始讀誦流傳的功能，而傾向供奉、莊嚴的方面。這和社會各階層支持佛教，以及尊重法寶的熱忱，都有密切的關係。

南方佛教和巴利語經典

不同於北方大乘佛國流行的漢譯經典，現今流行於東南亞的錫蘭、緬甸、泰國、高棉、寮國等地，則是巴利文經典，而巴利語的大藏經，又稱為南方上座部的大藏經，以錫蘭所傳的為根本。

根據南方上座部的傳說，將佛教傳入錫蘭的，是西元前三世紀時，阿育王的王子或摩哂陀（Mahinda）。巴利文經典所使用的語言，是以西印度古代語為中心，受各種語言影響而成立的聖典用語，和特定地域、種族沒有直接關係。因此，這種語言稱作「巴利語（聖典語）」。

巴利語大藏經，是依律、經、論、藏外的順序編成的，這表示巴利語大藏經中，是以律藏為最中心的部分，也是最古老的部分。

律藏是由經分別、犍度別、附錄三部組成。經藏則分為五部，即長部、中部、相應部、增支部、小部。論藏含有七論。此外，還有藏外文獻，即三藏的注釋書、綱要書、歷史書、文法書等數十部。

西藏的佛經

公元七世紀，隨著吐蕃王朝的建立，從印度經尼泊爾到西藏的內陸文通為之大開，也形成佛教傳播的路線之一。近年來，在尼泊爾發現了許多的貝葉和紙本經典。紙本經典的用紙有粗糙的黃褐色，以及表裏分為白黃二色者二種。其中所使用的文字，是梵書體的笈多文字，但比日本悉曇文（九世紀以前）還新。

印度佛教滅亡以後，佛教經典、藏書也慘遭焚毀消滅，其邊境的尼泊爾就成為佛典梵文的寶庫。傳入西藏的佛教，是接受印度最後的大乘佛教而成立的西藏密教。西藏大藏經是長年累月，將梵文佛典翻譯成西藏語而成立的。西藏密教的佈教線，在晚唐以後，從青海漸漸延伸到外蒙古，其頂端則從華北地方到達我國東北南部。喇嘛教傳播於亞細亞內陸高原地帶，成為遊牧民族的宗教，並大放異彩。其與中國及日本佛教（屬於古代由絲路東漸，弘揚於遠東的農耕民族的宗教）相比，有顯著的差別。

第三章 佛經的種類

佛教的經典內容非常豐富，依文體與內容類別，約略可以分為十二種，稱為「十二分教」，或是「十二部經」、「十二分聖教」。這十二種分別是：契經、祇夜、記別、諷頌、自說、因緣、譬喻、本事、本生、方廣、未曾有法、論議。

「十二分教」是在經典結集的歷史中逐漸形成的，因此在不同的部派中有不同的排列次序。也有部派主張只有九分教。關於十二分教的形成，根據印順法師在《原始佛教聖典之集成》所說，佛經最原始的狀態是三分教（契經、祇夜、記別），後來隨著經典不斷的集出而有九分教的說法，然後又隨著律部與論議的發達，又補充了因緣、譬喻、論議三者而擴充為十二分教。由於十二分教是次第形成而非同時間依同一標準的分類，所以其內涵或有重疊的部分。

從十二分教的分類來看，我們可以發現；有些是依據經典的表現形式，有些是依據教說的內容來分，兩種是混合在一起的。同一部經，可以從內容或形式兩方面分別稱呼。

另外，十二分教所分類的教法，依照時代、部派與學派的不同，其範圍也並不確定。

例如原始佛教時代，經、律、論三藏中，只有「經」可以稱為法，經可分為九種或十二種。可是到了部派佛教時代，不再只是「經」，進而把「律」也加入其中，後來甚至連「論」也包含在內。到了大乘佛教時代，不只是小乘三藏，連大乘的經與論也包括在裏面。關於十二分教的項目與列舉順序，由於部派與文獻的不同，也有相當的差異。下面所列舉的是較具有代表性。茲依序列出，解釋如次：

(1)契經：廣義而言，契經（sutra，sutta，修多羅、經、線經）是指十二分教全體的十二部經而言。另外，所有的漢譯佛典，如一切經或大藏經都以「經」來稱呼它。這是最廣義的經。但是也有指經、律、論三藏中的經藏全體而言。可是在十二分教裏的經與前面比較起來，範圍較為陝隘。

(2)祇夜：其祇夜（geya，應頌、重頌）本意是指「可以唱出來」，但在文學形式裡是指用韻文來重覆散文所敘述的作品。也就是說散文與韻文（偈）兼而有之的說法形式。所謂「應頌」是「對應著散文的頌（韻文）」，所謂重頌則是「重複散文內容所說的頌」。

(3)記別：記別（vyākaraṇa，和伽羅那、記說、受記、懸記）這一項在原始佛教、部派佛教以及大乘佛教的用法上，定義上並不太相同。「vyākaraṇa」的本意是「問答體的解說文章」，後來又進一步解釋為「對簡單的事作詳細解說」的意思。這個意思用別說或記別來代表比較妥當。

到了大乘佛教，記別則不只是前述這樣的文章形式，而且還指佛對弟子們未來的一種授記，也就是「成佛的授記」，在這裡又成了以其內容來分類。

(4)諷訟：諷頌（gāthā，伽陀、偈）是一種只有韻文的文學形式，如《法句經》、《長老偈》、《長老尼偈》等都是其中一例。

(5)自說：自說（udāna，優陀那、無問自說、感興語）是指「自說教法」，佛陀說法通常都是應他人的請求而說法，自說則是未經他人請求而自己說出來的。在九分教與十二分教中，主要是指佛的自說。

(6)因緣：因緣（nidāna，尼陀那）是指說法時，在某種因緣條件下，說出一種序文式的故事。如：經典一般所說的因緣，或是偈所說的因緣故事，制定戒律戒條的因緣，也是此類。

(7)譬喻：譬喻（avadāna，阿婆陀那、阿波陀那）其本意是「英雄行為的故事」，與因緣果報說有關係。某些人在現世有傑出的表現，在過去世也曾有過英雄式的善行，像這樣將過去、現在連串起來的故事就是「譬喻」。這是由因緣果報而來的教訓式故事，所以也可稱為「訓誡式故事」。

例如佛陀累世的修行教事，叫做「本生」（jātaka）。而本生實際上也是譬喻的一種，本生也可以稱為「菩薩譬喻」。後世說一切有部等派，則把「譬喻」擴大為「訓誡的故事」或簡稱為「故事」，是具有輕鬆的意味。《百喻經》、《雜譬喻經》等等都有這種性質。

(8)本事：本事（itivṛttaka，伊帝目多伽、如是語），所謂本事經就是「說過去所發生的事情」、「過去世的故事」。釋尊在菩薩時代的過去世故事稱為本生，在九分教與十二分教中都有本生這樣的體裁。而本生以外的，佛弟子等過去世的故事，就是本事。可是實際上這也相當於十二分教中的譬喻。

(9)本生：本生（jātaka，闍多伽）這是佛陀前生的故事。佛陀在菩薩時代曾做過沙門、婆羅門、國王、大臣、商人等。另外還做過神以及種種動物，這些經歷和故事就稱「本生」。中文本的本生經有《生經》與《六度集經》等。這只是過去世故事的一部分，偈文也不是現世的故事。另外巴利文的行藏經也是用韻文來說過去的波羅蜜行。

(10)方廣：方廣（vaipulya，毗佛略、毗陀羅、有明），vaipulya 譯為「廣明」，一般而言都是指大乘方廣。意思是廣說種種甚深的法義，本來指的是小乘部派中所詳細解說的經典，但大乘佛教出現後，就用這個名稱來稱呼大乘經。如：華嚴經全名是《大方廣佛華嚴經》。

⑾未曾有法：未曾有法（adbhuta-dharma，阿佛陀達磨）是指佛所說那一類希有、未曾有、而不可思議的事情。所謂「未曾有」是指①與世間一般情形不同的第一義的事，②指神通奇蹟類不可思議的事。③指自然界一些奇妙壯觀的變異。這幾類都包括在未曾有法裏面。

⑿論議：論議（upadeśa，優婆提舍、論議）這是指與「略說」不同的「廣說」，是一種詳細註釋的說法，並不一定是佛所說的。後世阿毗達磨論書也可以包含在論議中。所謂註釋，是原始經典中與「略說」不同的「分別」（vibhanga），這個意思下的分別經在阿含經中隨處可見。

以上是九分教與十二分教的各項目的說明。如前所述，這個分類中有些是依據表現形式來分類（契經、應頌、偈），有些是依據敘述方法與形式來分類（自說、如是語、毗陀羅、方廣、論議），也有些是依據內容性質來分類（因緣、譬喻、本生、未曾有法）。佛所說的法，有時屬於上述中的一項，有時屬於兩項，或是三項。

第四章 佛經的總集——大藏經

佛陀神聖教說的彙集，在印度稱為「三藏」，中國則叫做「一切經」或「大藏經」。佛陀的教說在漫長的歷史中，被整理成三藏：傳佛之教法的「經」；傳佛之教誡的「律」；解釋佛之教說的「論」。

這些佛典由印度傳入中國時，大致上有兩種方式：一是由印度高僧口授，傳入中國，二是中國僧人至印度取回貝葉經典。佛教傳入中國初期，佛經的傳入大多由印度的高僧，熟記其師父口傳之教說，到了中國之後，以之傳授給中國人。由於當時印度和中國之間的路線必定會行經荒涼沙漠，攜帶佛典諸多不便；而其時印度的經、律、論三藏，也尚未用文字記錄下來，所以口傳的方式仍然盛行。這時的經典有記下梵文再漢譯，或直接傳譯的情形。

後來也有將用文字筆錄的貝葉經典（即梵本經文），帶入中國。佛教傳入中國時正也是印度佛教從口傳方式演變為記錄的過渡時期，向來尊重文字與古典的中國上層社會，希望將佛陀說教，加以筆錄而受持。此外，大乘佛教對寫經功德的宣揚，也使得寫經在中國廣大盛行。

中國佛教在六朝時期，逐漸興盛，蒐集整理漢譯佛典、製作佛書目錄的風氣也開始流行。當時的人，把匯集在一起的佛典，稱作「眾經」，六朝末，北方稱佛經為「一切眾經」和「一切經」，江南則稱為「大藏經」，有時也二者併用。這些名稱，不只是代表佛典彙集或叢書的意思，而是含有一定組織和內容的意義。特別是隋唐時代的佛教界，在漢譯經典將編入大藏經之前，都必須奏請皇帝敕許或欽定，象徵權威與保證，也使得從印度傳入的佛教，納入中國的國家體制，成為中國的宗教，並享有崇高的社會地位。

漢譯佛經的組織化

中國佛教到隋唐時代，大藏經的內涵和體制得以確定，在法寶的流傳上，也由古代的寫經，開展成為全新的、有組織的刊行方式。

中國自東漢時就開始有佛教經典的翻譯。相傳東漢桓帝（一四七～一六七年在位）、靈帝（一六八～一八八年在位）時，有西域沙門安世高、支婁迦讖來洛陽。

安世高於漢桓帝建和初年（一四七年）來洛陽，從建和二年（一四八年）到靈帝建寧四年（一七一年）的二十餘年間，共譯出《安般守意經》、《陰持入經》、《大十二門經》、《小十二門經》等佛教經典三十餘部，四十餘卷。

支婁迦讖於東漢桓帝末年（一六七年）來洛陽。至靈帝光和、中平年間（一七八～一八九年），共譯出《道行般若經》、《般舟三昧經》、《首楞嚴經》、《無量清淨平等覺經》、《寶積經》等佛教經典十四部，現存十二部。這是中國歷史記載最早來漢地從事佛經翻譯的西域僧人。此後歷代譯經僧人不斷，其中有從印度、西域來的外來譯經僧，也有漢地僧人主持譯經的，三國兩晉以後，一直到唐宋一千多年間，是中國佛教經典翻譯的高峰時期，這個時期仍以單部翻譯的經典為主。

由於《大藏經》的編輯整理和刊印之事工程浩大，需要巨大的財力和物力，往往無法由個人完成，因此一般多由朝廷或官府出面主持，由個人或是由佛教寺院出面主持，由民間刻印。前者刊印的佛經稱為「官刻本」，後者刻印的佛經往往被稱為「私刻本」。由於官刻本一般有比較穩定的政治和經濟力量作為其基礎，所以刻本比較精良；而私刻本往往要靠募集資金才能維持其進程。

中國自宋以後開始出現雕版刻印的大部佛教《大藏經》，第一部由朝廷出面主持雕版刻印的佛教《大藏經》始刻於宋開寶四年（九七一年），因此稱為《開寶藏》，又因此藏的開刻是在四川，所以又稱為《蜀藏》。此後歷代曾經有過多次《大藏經》的刊印。現在雕版保存最完整的漢文《大藏經》是清代雍正、乾隆年間刻的《龍藏》，全部雕版七萬九千多塊，現在都完好地保存著。

漢文《大藏經》是世界上內容最豐富，保存佛教資料最完整的佛教經典大叢書。這種大部的《大藏經》往往被佛教寺院作為鎮寺之寶而供養收藏。

漢譯佛典的蒐集和目錄的編纂

從二世紀後半興起的漢譯佛典，首先由彌天釋道安計劃蒐集，結果編纂了「綜理眾經目錄」一卷。這是四世紀末的事，當時且已出現眾經之名。此目錄的出現，不僅顯示中國初期佛典的內容，而且可說是當時佛教信仰與思想的根基。

五世紀初，由於鳩摩羅什來到中國，大乘的經、論得以完整譯出，其後小乘的經律論也被傳譯，這使得漢文佛典的內容頓時豐富了起來。六朝末，隨著佛教教團的發展，而有所謂的「寫經」、「講經」加上譯出的經典日多，而有蒐集、整頓漢文佛典的必要。梁武帝曾在華林園蒐集眾經，並命僧紹編成「華林園佛教眾經目錄」四卷。

當時北朝的北魏，稱諸經律論為「一切經」；南朝的梁則稱作「大藏經」。

隋文帝統一天下之後，根據興隆佛教的政策，盛行造寺起塔、造像寫經、修持功德等事業。費長房的「歷代三寶紀」、彥悰、法經的「眾經目錄」等的編纂，都是隋皇室實施漢文佛典蒐集政策的結果。開皇十四年七月十四日，大興善寺翻經沙門法經，將大小乘的三藏，以及西域聖賢錄等二千二百五十七部五千三百十卷，都收錄在「眾經目錄」七卷之中。

隋煬帝因感歎佛像佛經多被燒毀，所以命眾軍各處蒐集佛典，聚集於中央，並命學司開設書寫道場，從事四藏十萬軸的寫經。完成之後，他將正藏置於寶台的經藏內，經典的多少，送予京都的寺塔及各地的精舍，使其廣大流通。

隋書經籍志有「一切經」之名；灌頂的「天台大師別傳」中，也可看到「大藏經」之名，這都可以證明隋代確實已有這些名稱。

唐麟德元年（六六四年），靜泰在調查整理洛陽大敬愛寺的一切經論時，依據隋代彥悰的「眾經目錄」加減增補，而製作了「大唐東京大敬愛寺一切經論目錄」。這本經錄在各經名與卷數下，附記所用的紙數。從隋到唐初，漸次規定一切經的內容，寫經的方式也整齊劃一。日本正倉院的聖語藏中，不只有天平寫經，也有奈良朝留學僧，從大陸帶回的隋唐寫經。

其中最著名的有：大業六年（六一〇年）的一切經的殘本賢劫經；附有永徽六年（六五五年）跋文的大毗婆沙論，以及有顯慶四年（六五九年）潤十月之背書的成唯識論等。又日本知恩院的《大樓炭經》，是咸享四年（六七三年）章武郡公蘇慶節為他的父親刑國公，所敬造的一切經的殘本。這些與敦煌寫經，都是珍貴的資料，由它們可以知道隋唐時代佛典書寫的樣式。在「日本書紀」中，白鳳二年（六七三年）三月在川原寺所寫的一切經，也是模倣隋唐之風。

則天武后天冊萬歲元年（六九五年），明銓等人編集了「大周刊定眾經目錄」十五卷。接著，開元十八年（七三〇年），智昇編纂「開元釋教錄」二十卷。這些都意謂著甄別漢文佛典真偽之欽定大藏經的成立。智昇沿襲六朝以來的經典分類法，把大藏經分為大乘三藏、小乘三藏，以及賢聖集傳三大類。大乘經典又分為般若、寶積、大集、華嚴、涅槃五大部，其他還有單譯與重譯的部分，將它們與大乘的律、論合起來，就稱作大乘三藏。

「開元釋教錄」是以大乘三藏為主體，並收錄小乘的經律論，以及西方中國的賢聖集傳而完成的。除去該書卷十九、二十中，抄出的別生經和疑偽的經典，其編入大藏經的佛典，有一千零七十六部五千零四十八卷。因此，收錄於「開元釋教錄」的經律論，是具有權威的欽定大藏經。

這些大藏經，寫好之後，就用黃卷赤軸加以裝訂，並以十卷為一單位，包於竹或布帛的經帙內，然後上架收藏。開元年間的欽定大藏經，共有四百八十帙，其後為了檢閱的方便，乃在經藏中附上千字文的函架號碼。

圓照在貞元十五年（七九九年），編集了「貞元新定釋教錄」三十卷；把開元大藏經以後的一百三十七部三百四十三卷，合三十帙的續藏經，編入大藏經中。這些開元、貞元的大藏經，是唐、五代到北宋初大藏經的內容，總計有一千二百五十八部，合五千三百九十卷，五百十帙，書寫傳播很廣。它們最初是用黑墨寫成的；從晚唐、五代到北宋，就流行用紺紙金字銀字寫成的「裝飾經」。此外，樓板的大藏經也很盛行。

現代使用最普遍的大藏經——大正藏

《大正藏》是指《大正新修大藏經》，是在現代學術界最常被使用的中文大藏經，於日本．大正年間（一九一二～一九二五年）開始編修，而得此名。全書一百冊，分為正編五十五冊、續編三十冊、昭和法寶總目錄三冊、圖像部十二冊，共收經律論及中日兩國撰述三四九七部、一三五二〇卷，是自古以來卷帙最龐大的善本大藏經。

由於本藏的編纂主旨，是為學術界提供善本大藏經。本藏有幾個主要特色：

(1)在部類組織方面，不再採用《開元釋教錄》以來的傳統分法，而創出一種依據經典發展史的先後順序排列的分類法。這種新的分類法較符合現代學術界對經典發展史的新觀點。

(2)在校勘方面，本藏以《高麗藏》為底本，參校日本各名山古剎所藏的宋、元、明版及日本版大藏經，和大學圖書館內的古寫本、古刊本及個人的收藏本，並將校勘表列於每頁之下。

(3)本藏除嚴密的校勘外，並對檢梵文、巴利文原典，在每頁下的校勘欄中標註出專有名詞的梵、巴語。此外，在經文中加標點，也是本藏的特色之一。

《大正藏》的正編，包含由印度語譯成的佛典三十二冊及中國古德的著述二十三冊。分為阿含部、本緣部、般若部、法華部、華嚴部、寶積部、涅槃部、大集部、經集部、密教部、律部、釋經論部、毗曇部、中觀部、瑜伽部、論集部（以上為譯典）、經疏部、律疏部、論疏部、諸宗部、史傳部、事彙部、外教部、目錄部（以上為中國撰述）。共收經典二二七六部、九〇四一卷。圖像部專收日本前代遺留下來的佛教圖像類佛典。多為東密、台密要籍。總共有十二冊，三六七部、一三四五卷。續編共計三十冊。

由於大正藏所收錄經典相當齊全，校勘亦稱精審，編排也符合學術要求，所以成為現代佛教學術界最為通用的大藏經。在學術著作中援引經文，莫不以《大正藏》為依據，並標明其所在冊數、頁數。本藏的重要性由此可見，也是有心查閱各種佛典者的極佳工具書。

第五章 讀經的心要及常見問題

研讀佛經最終的目的，是要讓我們能依經修持成就，因此了解了佛經的整體風貌之後，接下來我們要進入讀經的心要，讓經典在生活中真實運用。

一般我們會以為讀經是閱讀經中的文字，事實上，經文只是幫助我們證得無上智慧的工具，我們真正要體悟的，是文字背後的智慧。禪宗對此有著精闢的解說。

禪宗說：「依經解義，三世佛怨，離經一字，如同魔說。」這句話是強調閱讀佛經的時候，重點是透脫文字的表義，追求內在的真義，「依經解義，三世佛怨」是說，閱讀佛經，如果只是拘泥於文字，就容易落於考古、訓詁，與佛法要傳達的生命智慧無涉了。而「離經一字，如同魔說」則是說，但如果就此誤以為可以完全不需要透過對佛經文字的深刻體認，而任憑想像自由發揮，那就更容易誤入歧途。

⊙經典是指月之手

禪師要我們「以指見月」，講的也是類似的意思。在《楞伽經》中說：「如愚見指月，觀指不觀月。」就如同愚笨的人看見人指著月亮卻專注在看人家的手指而不去看月亮。手指的目的是在指出月亮，手指並非月亮自身。佛經的文字就好像手指，真正的智慧則是月亮。如果只是執著在佛經裡的文字，那就是錯把手指以為是月亮了；但是如果沒有用手指去指的話，或許就連看到月亮的機會也沒有了。

⊙閱讀經典的三個階段

我們可以閱讀佛經的過程，分為三個階段：也就是「文字般若」、「觀照般若」、「實相般若」這三個階段。

第一個階段的「文字般若」，就是對經文文字的正確了解，能貫穿文字的含意。這個階段，就好比我們擁有一張正確的地圖，可以幫助我們到達目的地。

第二個階段的「觀照般若」，這是不僅止於文字了解，更進一步能統攝經文中的觀念，並與生活相應，生活中就依照經典的精神來實踐。這樣日漸深化，最後我們的心念、言語、行動，都不離經中的智慧。這就好比我們依照地圖，實際行動，日漸趨近目的地。

第三個階段是「實相般若」，經過不斷的純熟、實踐，到最後經典中的境界現前，不必再經過意想分別，就是這樣如實的境界。這就好像我們按著地圖走到了目的地一樣。

閱讀經典最終的目的是要悟入佛法的智慧，將佛法的知識內化成生命的智慧，如果只是將佛經當成讀誦的憑仗，那麼縱使讀誦幾千萬遍的經文，佛經還是佛經，生活還是生活，互不相干。

在《六祖壇經》裏有一個故事：

有一個僧人名叫法達，七歲就出家了，日常習誦法華經。有一天，法達來參訪六祖，禮拜時卻頭不著地。六祖知道他心中驕慢，於是故意呵斥他：「禮拜頭不著地，不如不要禮拜！你心中定有驕慢之事。你平常學習什麼經論？」

法達回答：「弟子念誦《法華經》已達三千遍。」

六祖告訴他：「即使你讀到一萬遍，如果能了知其要旨，也不會生起驕慢。你辜負了此經的功德卻不自知己過，反而得意如此。」

六祖問他名字，僧人回答：「法達」，六祖歎了口氣說：「你名為法達，卻何曾達法呢？」

六祖對他說：如果只是循聲讀誦，就如同無用的空誦一般。

六祖為法達開示法華經的心要之後，又針對他對誦經的執著作了精要的開示。

六祖告訴法達：「如果勞勞執念，將讀經作為功課，執著讀經的功德，那麼和犛牛執著喜愛自己的尾巴有何兩樣呢？」

法達聽了就問：「如果是這樣，那麼了解義理就好了，也不必辛苦的誦經了嗎？」

六祖回答：「經有什麼過錯，誰礙著你念呢？只是迷悟在人，損益由己。如果能口誦心行，就是轉經；如果口誦心不行，即是被經轉。」

於是六祖就告訴他：

「心迷法華轉，心悟轉法華。誦經久不明，與義作讎家。
無念念即正，有念念成邪。有無俱不計，長御白牛車」

法達聽了言下大悟，自歎從昔已來，實在是未曾轉法華，而是被法華所轉了。

讀經時，如果不能了悟其中的義理而執著讀經的功德，口誦心不行，如此不但不能「轉經」活用，反而是被經所轉了。

⊙參與經典的盛會

了解了上述的道理，就掌握了讀經的根本心要，接著我們可以循序進入讀經的三個階段。

首先，在第一個「文字般若」的階段，我們要能正確了解經文字面上的意義，對經文中的專有名詞，用語要能了解。這時可以準備簡易的佛學辭典查閱，或是有專有名詞註釋的經文版本，都可以幫助我們掌握基本的文學意義。

此外，如果所讀的經字數不多，也可以將經文背熟，加深印象，便於思惟憶持，例如《心經》就是許多人都能琅琅上口的經典之一。但是背不起來的人也不必勉強，經常閱讀、熟誦也能產生很大的影響。

許多人一想到讀經，都會想到恭恭敬敬的跪在佛堂前虔心誦經、作早晚課的情景。其實，「誦經」只是讀經的一種方式，閱讀經典就好像閱讀智慧，勵志的書籍，是認真專注卻又活潑有趣的。

我們甚至可以用「情境導引法」來導引我們進入經典中的盛會，更親切感受到佛陀的說法。

例如，當我們讀到《金剛經》：

如是我聞：一時佛在舍衛國祇樹給孤獨園，與大比丘衆千二百五十人俱。爾時，世尊食時，著衣持鉢，入舍衛大城乞食，於其城中次第乞已，還至本處，飯食訖，收衣鉢，洗足已，敷座而坐。

時長老須菩提，在大衆中，即從座起，偏袒右肩，右膝著地，合掌恭敬而白佛言：「希有世尊，如來善護念諸菩薩，善付囑諸菩薩。世尊！善男子、善女人，發阿耨多羅三藐三菩提心，應云何住，云何降伏其心？」

佛言：「善哉！善哉！須菩提，如汝所說，如來善護念諸菩薩，善付囑諸菩薩，汝今諦聽，當爲汝說，善男子、善女人，發阿耨多羅三藐三菩提心，應如是住、如是降伏其心。」「唯然！世尊，願樂欲聞！」

我們可以想像自身是在場佛弟子的一者，如果覺得不敢當，那也可以想像自己是祇樹給孤獨園林中，幫助佛陀遮蔭的樹枝，或是衆多樹葉中的一小片樹葉，看佛陀帶著聖弟子從舍衛大城乞食完畢，回到祇樹給孤獨園大衆安靜的用完餐後，將乞食的鉢洗淨，洗淨雙足，在寂靜的樹下盤腿而坐，準進行飯後修行的討論與開示。

這時我們看見大眾裏有一位長老站起來，他是佛弟子中以解悟空的義理著稱的須菩提尊者。須菩提穿著偏袒右肩的僧衣，以右膝著地，合掌恭敬的請問如來：「稀有世尊！如來善護念諸菩薩，善付囑諸菩薩，善男子、善女人，發阿耨多羅三藐三菩提心者，應云何住？云何降伏其心？」

我們聽了須菩提的問題，也許會贊同的想：「對呀！一個發菩提心的人，應該如何安住，如何降伏煩惱的心呢？」，須菩提代替我們問法呢！於是我們就如同參與了經典中盛大法會，不管是扮演法會中聽法大眾的一者，或是場中的一片樹葉，佛陀座下的一根小草，都是參與了這場盛會，宛如親臨現場的聽受佛陀宣說無上妙法。

扮演那一個角色，和我們修行的深淺沒有關係，不是想像自己是佛菩薩的人修行就比較高，想像自己是小草的人，修行境界就比較低劣，兩者是不相干的，如來佛性和眾生的佛性，這種情境導引、角色扮演，可以幫助我們融入經中的情境，與經典中的生活合而為一，進而幫助我們無論在行為（事）、言語（語）、心念（意）這三者都融入經典，逐漸清淨，開啟如來的無上智慧，圓滿清淨光明的世間。

⊙依佛經而行——人生是修行之旅

之前我們說的是讀經的心要，其實，沒有讀經的時候，正是檢測我們讀經成果的時候。

讀經之後，還要進一步讓佛經引導生活，把修持佛經當成人生的修行之旅，我們的人生就在佛經裏修行！如此，我們生命的空間就太廣闊了！例如：我們參加法會，是佛經的修行之旅；我們到的某個寺院，就像到他方國土去旅遊，我們看到寺裏的佛，就為人介紹這佛的因緣故事等等，由於此佛的加持，而得以在此演說此法。

如果我們到美國的親戚家，就好像是到他洲去行法，如果他不了解佛法名詞，把佛法的意境用他聽得懂、能接受的方式說給他聽，不必以佛學用語來講，這就是「示現外道相，而行菩薩道」，這是《華嚴經》的境界，稱做「遍行外道」。

如果在上班的地方，公司就像是講法堂，只是這裏的講法和極樂世界不太一樣，《阿彌陀經》裏說，連共命鳥的聲音，都是念佛、念法、念僧；所有的聲音，都是持咒的聲音。在公司裏，我們要如何實現呢?有時我們會彼此問候：「近來好嗎?」「身心安泰否?」如果對方剛好生病著，正好提醒了我們健康的重要，那麼他真是個菩薩。或者我們也可以用自己歡喜的本尊設定電腦的螢幕桌布，或是螢幕保護程式，就這樣將生活轉入佛法之中。如此，在許多事情上，都種下了佛法的種子。

如此我們的人生就是一部經典的盛會，經典就是人生。

我們的行、住、坐、臥、飲食、沐浴，都是一部活生生的經典。佛經中的修行不必另外定義，而是在生活中發起菩提心，將其清淨化，而不是想像別立於生活之外的修行生活。在山上閉關、寺院清修，當然是一種修行生活，如果有時間、因緣具足的時候，到山上閉關當然是很好的修行生活；但如果現在沒有時間、因緣不具足，卻硬要去山上閉關，那就成了違緣，對修行反而造成障礙。

實際上，在人間修行，生活的每一部分都是功德事業，都是跟佛經相契的，「一花一世界、一葉一如來」，我們的眼、耳、鼻、舌、身、意所接觸到的，都是可以入定的經驗，佛經中的每一法句都是發我們深省的，所看到的一切都是佛的法身，我們生活在其中多麼幸福！

當我們尚未進入到這樣的境界時，可以先以一部經作為人生的修行之旅。比如說我今年或是今生都準備生活在《彌陀經》當中，在裏面作一個淨土行人，相信淨土、進入淨土、修行成就淨土，到最後成為阿彌陀佛，入滅時到極樂世界去成佛。這世若沒做完，下一世還要繼續做，生生世世還要做繼續努力去完成，直到成就阿彌陀佛為止。

如果想結合各經心要者，可以這三年為《彌陀經》的行人，次三年做《金剛經》的行人，然後再匯合。此時我們將會發現：各部經典中的果地是共通的，只是修行的時節因緣差異罷了。

如此說來，我們這一生，不必捨棄原來的路，就已走向成佛之道了。佛法不是改變我們這一生的因緣，去另外造一條路，這是很困難的！我們不必如此，只要將過去的因緣累積起來，轉向成佛的大道上去。以前我們的觀念可能是：「我要走向某一條路，才能到佛的淨土。」，現在則應該是「我所走的這條路就是走向佛，因為我們已經把生活清淨化、把生活佛經化了。」

我們就是生活在佛經之中，佛經就是我們的生活，我們的一生就是一部經，就記錄在一部經之中，只是依各人因緣差別而有所不同。

⊙圓滿淨土現前

我們依著佛經修持，修持《金剛經》時，就投入《金剛經》的生活，在這段時間裏就展現《金剛經》的生活，在未成就以前，依止《金剛經》的教法，學習佛的生活。修持《華嚴經》時，依持其中的教法，像善財童子或主夜神、天界、大地的生的修證生活，要歸向毘盧遮那佛的境界，修其他經典時也是如此。

到達圓滿佛的果地，在《金剛經》裏就是釋迦牟尼佛，在《華嚴經》裏就是毘盧遮那佛，在《法華經》裏就是久遠實成的釋迦牟尼佛，在《大悲心陀羅尼經》裏就是觀世音菩薩，在《觀普賢行法經》裏就是普賢菩薩，在《阿彌陀經》裏就是阿彌陀佛。

依經修持，就是要行者投入一部經中，不論大部經或小品經，只要掌握本經見地、修行、果位，全心投入：把生命《金剛經》化、《彌陀經》化、《無量壽經》化、《阿閦佛經》化、《華嚴經》化、《法華經》化，這才是佛陀要教導我們的生活。佛在宣講一部經之前，會先進入一種三昧境界，目的就是要把大家轉入這部經的境界裏面。現在，我們要自覺，要主動與經典相應。

阿彌陀佛累劫來已在極樂世界準備要度我們了，只是我們一直不肯把接收頻道打開。諸佛淨土就像在空中的各種頻道，如果我們不肯把自身的頻道打開，就永遠接收不到電波：如果我們不肯把身、口、意調向諸佛的三業，就不能與他們的三密相應，這是修行中最奧妙的趣向，在其中沒有我慢，只是投入佛經、依教奉行。

目前我們的確是污染的眾生，「依教奉行」就是要把我們整個生活依著諸佛所行過的軌跡前去。

佛經就像我們的眼睛，指引著我們，把我們的生活佛經化，把我們的身、口、意清淨化，佛的身口意就是我們的身口意。不只如此，也把我們所生活的世界及因緣，整個變成淨業，整個淨土化。佛陀所欣喜的事，不是聽我們每天讀誦佛經給他聽，而是看到我們證得了與他同樣的境界，就好像《法華經》中所說的：「諸佛以一大事因緣出現於世，開示悟入眾生佛之知見。」

其實每一部經都是要開示悟入眾生佛之知見的，依佛經修持，就是要大家廿四小時對諸佛開放頻道，對佛經開放頻道，影響所及，不只是我們一個人與諸佛之間的關係，而是二十四小時，整個生活，都與諸佛產生相應。

真正究竟的閱讀佛經就是投入佛經、依教奉行，不但昇華個人，所有與我們相關聯的人事因緣網絡，都會隨之淨化、圓滿，乃至於我們圓滿成佛時，清淨光明的世界也現前圓滿了！

讀經常見的問題與解答

許多朋友剛開始接觸佛教時，看見眾多的佛教經典，常有茫然無從入手之感，如果又遇到眾多專有名詞，更是滯礙難行，看著佛教的智慧寶山，卻無法受用，非常可惜！有鑑於此，我們整理出一般人讀經時常遇到的疑問，希望幫助大家在尋寶的過程中能去除路障，順利取得智慧的珍寶。

1. 剛開始學佛，一開始最好讀那些經？

選擇讀什麼經，可以從自己歡喜、有興趣的經典著手，如果都不了解，那麼也可以從《心經》、《金剛經》、《六祖壇經》等常行經典讀起，這些常見的經典都是一般人最常讀誦奉行的。

讀者也可以參考全佛出版社所出版的「常行經典系列」，其中所選的經典都是最常被受持奉行的經典，而且經文都經過新式標點，排版精美，非常方便閱讀。而「佛經修持法系列」，除了可以選擇其中一部經修持之外，也可視為數十部常見經典的導覽及修持精要，都是非常好的讀經選擇。

2.讀經時，經文中有很多專有名詞看不懂，是否要讀白話文？

閱讀經典時，還是以閱讀原文為宜。如果有不懂的佛教專有名詞，可以查閱佛學辭典。如果對經義不了解，建議大家閱讀配合古來高僧大德的講經解說。由於經典的白話翻譯牽涉到對經典的修證及理解程度，因此現代一般的經典白話翻譯僅作為輔助的參考即可，而非作為閱讀的主體。

3.讀經時一定要讀誦嗎？一般人作課誦的意義何在？

讀經並不只限於課誦時讀，而是隨時可讀，尤其是現代交通舒適便利，例如在捷運上就是很適合的讀經時間。只要是清淨、適當的地方，虔敬閱讀，都是很好的。

此外，受持經典的方法有很多種，並不限於讀誦。經中有所謂的「十法行」，就是受持佛經的十種方法。在《勝天王般若波羅蜜經》卷七〈付囑品〉中說：「受持此修多羅有十種法，何等爲十？一者書寫、二者供養、三者流傳、四者諦聽、五者自讀、六者憶持、七者廣說、八者口誦、九者思惟、十者修行。」

又，《辯中邊論》卷下〈辯無上乘品〉中也說，修行十法行者，所獲福聚其量無邊。這十種法行分別是：⑴書寫：書寫、流通經律論；⑵供養：恭敬供養經典；⑶施他：指為他人說法，或施與經典；⑷諦聽：謂專心諦聽他人誦讀、說法；⑸披讀：指披閱讀誦經典；⑹受持：對經典的內容憶持不忘，領受奉行；⑺開演：指為他人開演經典文義，使其生起信解；⑻諷誦：指諷誦、宣揚經文，令人樂聞；⑼思惟：指住於閑寂處，思惟籌量經典文義；⑽修習：指常行佛所說教法而不退失。

讀經的最終目的是與經義相應，在生命中產生自覺，因此，不管是用哪一種方式受持，只要是心思誠敬，都能具足無量的功德。

4.為什麼每一部佛經都說讀誦本經的功德最大？

讀經是一種因緣，某些人會與特定的經典相應，也有特定的因緣。這就好像在小巷子裏騎機車比較快，上高速公路就要開車比較適合，而要去美國就要搭飛機才到得了，這是因緣性的問題。

在菩薩的四弘誓願中說：「眾生無邊誓願度，煩惱無盡誓願斷，法門無量誓願學，佛道無上誓願成」，可見無量經典、法門的出現，是相應於眾生有無盡的煩惱，每一部經面對無量無邊因緣的眾生及種種煩惱，而其最終目的，都是要幫助我們成就無上菩提，因此，在經中會稱揚本經的功德，是為了鼓勵聽聞者對本經產生信心，進而一心專注依止此經而成就。無論是受持哪一部經而成佛，功德都是同等廣大圓滿。

5. 讀經時是否一定要整品讀完？

如果可以完整的讀完一品當然是很好，但可能也要看每部經典的章節大小，及個人的時間而定。例如《心經》、《阿彌陀經》等較短的經比較可能整品讀完，但是像《華嚴經》這樣的大經，對忙碌的現代人而言，每次要讀完一品是比較困難的。由於每部經的份量大小不一，我們可以視自己的時間，讀到恰當的地方告一段落即可。

6. 經文要背起來嗎？

如果是比較短的經，不妨背起來。唐代的玄奘大師到印度求法時，一路上遇見無數危險，他都誠心默誦《心經》而化險為夷。只是，印度人和中國人的文化不太一樣，古代印度人常一背就是數十萬字、百萬字，中國人並沒有這種專長。

讀經最重要的目的是能在生活中運用，如果某部經我們讀純熟了，自然背起來，在日常生活中思惟，這也是很好的。

7.如果不懂意義，光是讀誦有用嗎？

剛開始讀經時，可能比較無法了解經文的意義，但是讀久了之後，智慧自然會慢慢開啟。而且我們現在會讀某一部經，也是與此經有緣，或許將來此經的修行法門會成為我們修行的主體。

即使是不了解經文意義的老婆婆，只是依於虔誠的仰信課誦經典，由於心的專注自然產生定力。經典是在解決生命問題的，當我們的心具足定力時，對經中的智慧也容易體悟，如此自然與定力、智慧相冥合。而這份虔誠的心念，也會受到經中諸佛菩薩，及發願護持本經的護法們加持護佑，同樣具足無量功德，不可輕忽。

8.專讀一部經比較好還是多部經比較好？

這兩者是可以並行不悖的。我們可以以一部經為主軸，以此經來指導我們的生活、修行，直到圓滿成佛。此外，我們也可以廣讀其他經典，這會幫助我們增進對佛法的體悟和理解，可以作為自身專修法門的輔助因緣。

這就好像我們在山林中旅行，路線有很多條，雖然我們走的時候只會選擇一條主要路線，但是我們可以先參考完整的地圖和其他路線，掌握的資訊越完整，了解自身所在方位，就不容易迷路，甚至能讓我們的旅程更豐富，甚至幫助我們更快到達目的地。

因此，除了主要依止的經典之外，廣讀其他經典，能幫助我們更清楚掌握佛法的全貌，了解自身所在位置，不但心中更為篤定踏實，也能避免「見樹不見林」的問題。

釐清了以上的問題，讓我們在讀經的根本觀念上先確立，接著就可以進入佛教的經典大海，總覽佛法智慧大觀！

第2篇

佛教的重要經典

第一章 原始聖典

原始聖典是指從佛陀開始弘法，到其滅度後約百年間，到部派分裂之前的初期佛教所宣說的經典，也就是原始佛教時期的經典。這個時期的教法大多為口耳相傳，當時尚未結集成文字。

原始佛教主要傳播於印度恒河中游一帶。在當時婆羅門教、耆那教等各宗教，也都具有獨特的教義及組織。當時的佛教教團由在家信徒與出家教團所構成。在家信徒遵守不殺、不盜、不邪淫、不妄語、不飲酒五戒。在家眾受出家教團的指導，並供養出家眾之衣、食、住所需。出家僧團是佛教的核心，專心致力於修行及弘法。

這個時期的佛教教義，以四諦、八正道、十二因緣、無常、無我等教義為核心，並弘闡戒、定、慧三學，慈、悲、喜、捨四無量心，及四正斷、四神足、五分法身、五根、五力、七覺支等教義。

原始佛教的聖典包括集錄釋尊說法的「經藏」，即《阿含》或《尼柯耶》，以及集錄出家教團之生活規則的「律藏」，也就是「法與律」。此處的「法」是指「佛所說的教法」，所謂「律」，是佛教出家教團日常生活規則的總集，由於這些規則都是佛所制定的，所以可包含於廣義的佛說之中。這兩者從釋尊在世時開始的原始佛教時代，可以說是當時教法的總體內容。

本章首先介紹原始聖典中說法經典的部份。

六方禮經

《六方禮經》（梵 Śīgalovāda-sūtra），本經為佛陀教導羅越禮敬父母、師長、妻婦等六種生活中親近的人，為佛陀對家族倫理觀點的重要資料之一。

本經又作《尸迦羅越六方禮經》、《尸迦羅越六向拜經》、《羅越六向拜經》、《尸迦羅越六方拜經》、《尸迦羅六方禮經》，為後漢・安世高所譯，全文共一卷，收在《大正藏》第一冊。

本經內容敘述王舍城中有一長者子尸迦羅越（善生），奉亡父遺命，每日早起向六方禮拜。佛告以禮拜方位無益，並示以正確的禮拜方法，即對父母、師長、妻婦、親友、僮僕、沙門婆羅門等六種人，應生愛敬心。故應放棄純粹的禮拜六種方位，而改為去敬愛上列這六種人。此外，並開示在家佛子應受持的倫理道德生活。因此，本經是了解佛陀對家族倫理的看法的重要資料之一。

本經另有五種異譯本：

(1)西晉・竺法護譯《大六向拜經》（闕）。

(2)西晉・支法度譯《善生子經》(《大正藏》第一冊)。
(3)東晉・瞿曇僧伽提婆譯《善生經》(《中阿含經》卷三十二所出)。
(4)後秦・佛陀耶舍與竺佛念共譯《善生經》(《長阿含經》卷十一所出)。
(5)譯者不詳的《尸迦羅越六向拜經》(闕)。

在現存的四種譯本之中，以安世高譯本為最晚出。

六度集經

《六度集經》收錄多種本生經及各種本生故事，依佈施、持戒、忍辱、禪定、智慧、精進等菩薩的六波羅蜜行次第來分類。本經長共八卷，是三國時代吳．康僧會在太元元年至天紀四年間（公元二五一～二八〇）所譯出。又稱《六度集》、《六度無極經》、《度無極經》、《雜度無極經》，收在《大正藏》第三冊。

本經內容共分六章，即⑴布施度無極章，⑵戒度無極章，⑶忍辱度無極章，⑷精進度無極章，⑸禪度無極章，⑹明度無極章。其中有些單獨的本生經典也收在其中，例如：第一章中之〈普施商主本生〉及〈須大拏經〉、西秦．聖堅譯的《太子須大拏經》。第二章中之〈太子墓魄經〉相當於後漢．安世高所譯及西晉，竺法護譯的《太子墓魄經》。〈頂生聖王經〉相當於宋．施護等譯的《頂生王因緣經》。第三章中之〈睒道士本生〉相當於西晉．聖堅譯的《睒子經》。第四章中之〈修凡鹿王本生〉相當於吳．支謙譯的《九色鹿經》。

阿含經

阿含（梵、巴 āgama），《阿含經》是北方所傳原始佛教經典匯編的名稱。阿含的意譯不一，而一般皆以玄奘等傳譯為主，為「展轉傳來」之意，也可簡譯為「傳」或「傳承」，近代多用作知識、聖言、聖訓集、經典等意義。

一般都將阿含經視聲聞乘經、律、論三藏中的經藏，它區分為四大部，稱為四《阿含》，即《長阿含》、《中阿含》、《雜阿含》和《增一阿含》。據各種廣律的記載，釋迦佛涅槃之後，其弟子輩就結集了四《阿含》，但實際《阿含》編成的時期是比較在後的。

四《阿含》的分別編纂，主要依據於所收經典篇幅的長短，及形式上和法數的關係，同時也照應到各經所說的義理及其適用的範圍。

《長阿含》中各經的篇幅最長，內容多涉及長遠劫前的時間（如過去七佛以及世界成壞劫數等），又其重點在於揀別外道各種異說以顯示佛教的優越，所以是當時弘法宣揚佛教者所專習。

《中阿含》各經的篇幅長短適中，經常有成對的同類經典，所說義理著重於深入四諦，辨析空理，破除癡惑，所以為學習佛法者所專習。

《雜阿含》各經的篇幅較為短小，近於細碎，記誦較為困難，因此譯者翻譯經題為「雜」，所說由能、所、所、所為，三方面來區別事類，各經即依其性質隨類編次，因此譯家也翻譯經題為「相應」，《雜阿含》的重點在說各種禪法，故為修禪者所專習。

《增一阿含》各經大都和法數有關，從一到十或十一順序編次，所說多為佈施、持戒、生滅、涅槃，漸次趨入的道理，其側重之處在於隨順世人的根機，由各方面而說一法，並收有種種因緣故事，所以為勸說教化世人者所專習。

如此四《阿含》的應用各有所宜，因而佛教中有些部派隨著實際活動的範圍，常常偏重某一種《阿含》，例如大眾部重視《增一阿含》，根本有部之重視《雜阿含》等。

聲聞乘佛教的重要部派各有自部所傳的四《阿含》（南方上座部所傳稱《尼柯耶》），其內容經典及其排列次序，各部傳本都不盡同。四《阿含》的中國譯本是從東晉末年到南北朝初期短短的五十年中間陸續出的。四部《阿含》的中國譯本所屬部派幾乎各不相同，從它們見到的內容結構，只限於這幾個部派的某一種《阿含》而已。

譯本《長阿含經》的內容結構是四分，四誦（這是以一天誦畢的分量來區分的段落），合有三十經，成為一部。

《中阿含經》的結構是四分，五誦，十八品，合有二二二經成為一部。現行本四分的段落不詳，只有五誦。

《雜阿含經》的結構，為四分，十誦。這十誦是依著契經中佛語有九事（即有情、受用、生起、安住、染淨、差別、說者、所說、眾會）而編次的。《雜阿含經》所收經文大都是短篇，譯本現存四十八卷，約共一三五九經。

《增一阿含經》的結構，舊傳有四分，八誦（見僧肇〈長阿含經序〉），但現行本只餘十一法的〈牧牛品〉品目下標註〈第四分別誦〉，其餘段落不明。全經五十二品，四七二經。

沙門果經

本經經名「沙門果」的意思，是指出家成為沙門後，獲得的功德及果報，說明出家的功德，勸發眾生對出家修行生起嚮往欣羨、恭敬仰信之心。本經是了解原始佛教思想背景的重要資料。

佛教剛開始興起時，印度思想界正進入一個新舊交替的時期；作為印度正統的婆羅門教已經解體，許多人不再相信婆羅門教所宣揚的祭祀觀念，也不相信業報，認為當世人間的努力跟將來的幸福或解脫，並沒有必然的關聯，於是產生了許多俗世的享樂主義的思想。他們之中，有的懷疑道德的價值；有的相信命運；有的認為人死如燈滅，根本沒有來世；有的甚至認為一切思想都是不可靠的，變成懷疑論者。這些思想，在《沙門果經》中都有記載。

但是，當時仍有相信業報的人，堅持人生的價值與將來的果報是由人的努力達致的。他們除了實踐道德行為之外，更從事苦行，認為愈是嚴格控制自己，就愈能解除業的束縛。當時這些人都被統稱為「沙門」，也就是「努力者」的意思。沙門拋家棄產，為了修道求知、找尋真理。後來，這些沙門逐漸結聚為團體，一起修行說教，造成一種新風氣。佛教和耆那教就是其中的代表，他們的行動和表現，成為婆羅門以外修行者的理想形象。

但是，反對業報的人，他們亦聚徒講學。在姿態上他們亦是出家人，所以也稱為沙門。當時印度思想新舊之間，形成非常強烈的對比。《沙門果經》把這種情形反映了出來。

本經以業報的問題為中心，藉阿闍世王的發問，首先介紹了當時住在王舍城的思想家和各大沙門團的領導者，也就是所謂「六師外道」的思想。透過六師的教義矛盾、不合理，顯現佛教教義的合理性及殊勝之處，這是本經的一大特色。經由本經可知當時佛教已完成特有的戒、定、慧三學，並且以此為基礎而展開頗進步的思想體系。此外，由於本經對六師外道的根本教義有詳細的解說分析，也成為深入了解原始佛教思想背景的重要資料。

過去現在因果經

本經是以佛陀自傳的形式，敘述其過去世及現世的傳記。全經共四卷（或五卷），為劉宋．求那跋陀羅譯。又稱《過現因果經》、《因果經》。譯出年代約在劉宋．元嘉二十一至三十年間（四四四～四五三），現收在《大正藏》第三冊。

本經行文流暢，繁簡得宜，是各種佛傳中極為傑出的一部。內容記述佛陀的過去世為善慧仙人，曾散華供養普光佛，並獲得其授記，行菩薩道，經中並述及佛陀本生由兜率天降臨人間，歷經入胎、出胎、出家、降魔、成道、轉法輪等階段，度化五比丘、三迦葉、舍利弗、目犍連、大迦葉等事蹟。卷末佛陀開示大眾：「過去種因，經無量劫，終不磨滅。我於往昔，精勤修習一切善業，及發大願心不退轉故，於今者而得成就一切種智。」這也就是本經經題的主旨。

本經有幾個特點：

(1)在善慧本生中表現了大乘思想。

(2)對於踰城至降魔間的描述極為生動，頗具文學價值。

(3)在太子與阿羅邏仙人的問答中，揭示了佛教與數論派在教理上的根本不同；又在太子與苦行仙人的問答，及釋尊與優樓頻螺迦葉的問答中，揭示了佛教與婆羅門教的宗教上的根本不同。

(4)而在對頻毗沙羅王的說法之中，則清楚的概說了佛教的根本義趣。

本經前後共有六種譯本，而今三存三闕：(1)《小本起經》二卷（後漢．支曜譯，闕），(2)《太子本起瑞應經》二卷（後漢．康孟祥譯，闕），(3)《修行本起經》二卷（後漢．竺大力譯，存），(4)《太子瑞應本起經》二卷（吳．支謙譯，存），(5)《過去因果經》四卷（東晉．佛陀跋陀羅譯，闕），(6)即上文所述之本經。此外，日本有繪卷形式之《繪因果經》行世。此等繪卷中，分上下二欄，下欄書寫經文，上欄則繪有配合經文的圖畫。

描寫佛陀一生的八相成道圖

佛所行讚

《佛所行讚》（梵 Buddha-carita-kāvya）為有關佛傳的宮廷敘事詩，全書由十七章所成，始自佛陀誕生，終於歸國。

全書十七章中，前十三章為馬鳴所撰，後四章係十九世紀尼泊爾的阿姆利達難陀（Amṛtananda）所補作。依七世紀遊學印度的唐代僧人義淨所描述，本經梵本「若譯有十餘卷，意述如來始自王宮，終乎雙樹，一代佛法並輯為詩。」可知本書原先所記載，比現今所看到的更多。《佛所行讚》曾經廣泛流傳，義淨說它是「五天南海無不諷誦」，以後，隨著佛教在印度的衰落，曾經失傳了許多年，到現在也還只有前半重新出現。

關於本經的特色，義淨說本經「意明字少而攝義能多，復令讀者心悅忘倦，又復纂持聖教能生福利。」意思是說其字雖不多，但意思容易令人了解，包含種種義理，加上其特殊的敘事詩體裁，讀起來音韻優美，使人心情愉悅而忘了疲倦。

本書以優美的文學體裁描寫佛陀一生的傳記，文詞優美，漢譯本更以古典的長篇敘事詩體裁譯成，不但描寫生動，而且音韻優美，文中第三品寫太子出遊，全城人民萬人空巷，大家爭相目睹太子的風采的盛況空前：

「郭邑及田裡，聞太子當出，尊卑不待辭，寤寐不相告。六畜不遑收，錢財不及斂，門户不容閉，奔馳走路旁。樓閣堤塘樹，窗牖衢巷間，側身競容目，瞪矚觀無厭。高觀謂投地，步者謂乘虛，意專不自覺，形神若雙飛。」文中生動地描寫百姓聽說太子出遊時，爭相觀看的熱鬧情景，趕牛羊的人連牲畜都不及驅趕，正在結帳算錢的人也顧不得錢收好沒，門也顧不得關了，爭相奔馳到路旁，無論是樓閣窗牖，大街小巷，擠得無法側身，大家張大了眼，爭睹太子風采。

本經有許多種譯本，除了漢譯、藏譯外，還有法、英、德、日等譯本。漢譯本係收於《大正藏》第四冊。本經的譯者，一般認為是北涼·曇無讖，但也有說是劉宋·寶雲所譯。其中西藏譯本由於是梵本逐字譯的，所以在校訂梵本的脫落遺漏時，此譯本頗有借鑑之功，所以極受到學術界重視。

玉耶經

《玉耶經》是佛陀應給孤獨長者之請，為其媳婦玉耶說法，教導其為人婦之道。本經共一卷，為東晉・曇無蘭（天竺人）所譯。又作《長者詣佛說子婦無敬經》，收在《大正藏》第二冊。

全經敘述給孤獨長者的媳婦玉耶（Sujātā，善生），原本仗恃娘家豪富而欠失婦德，令給孤獨長者非常煩惱，而請佛陀為其開導。佛陀溫和的教導玉耶，告訴她女人的十種惡劣的環境因緣，並為其說侍奉翁姑夫婿的五種善法及三種惡法，還有七種為人婦所應盡之責，曉諭玉耶，玉耶聞教悔過而受十戒。

本經梵文原典散佚不傳。漢譯本則另有三種，即：(1)《玉耶女經》，西晉失譯。(2)《阿遫達經》，劉宋・求那跋陀羅譯。(3)《增一阿含經》卷四十九〈非常品〉第九經（相當於巴利文《增支部》七・五十九〈七婦經〉），東晉・僧伽提婆譯。上述三種譯本都收在《大正藏》第二冊。《出三藏記集》卷三〈安公失譯經錄〉中，有《七婦經》，為此經之異譯本。

佛本行集經

本經是各種佛傳中內容最豐富的一種，長共六十卷，為闍那崛多所譯，收在《大正藏》第三冊。

本經是以曇無德部所傳的佛傳為主，集合摩訶僧祇、薩婆多、迦葉維、尼沙塞四部所傳，以及《譬喻經》等各種不同說法而成的一部綜合佛傳，並以曇無德部的《釋迦牟尼佛本行》的經名為本書名，而稱為《集經》。

本經共六十品，大體分為兩部分：第一部分三品，從〈發心供養品〉到〈賢劫王種品〉，敘述關於釋迦牟尼佛出身的兩種世系：⑴法統中佛佛相傳的傳承，⑵世俗中王室相傳的王統。第二部分五十七品，從〈上託兜率品〉乃至〈阿難因緣品〉，敘述釋迦牟尼佛的生平事蹟到成道後行化六年為止，以及一些過去因緣，及六年中所教化弟子的事蹟和因緣。

本經所說的事蹟雖然和其他佛傳大致上相同，但是本經更隨處舉出各部師的異說，並詳敘佛陀過去本生、本事因緣，可以說是獨具特點。

法句經

《法句經》（梵 Dharmapada，巴 Dhamma-pada），內容教示以佛教實相觀、社會觀的根本義理，加上行文平易簡潔，文間也運用巧妙的譬喻，是學佛入門的指南。一般於晚課所誦之「是日已過，命亦隨減，如少水魚，斯有何樂」一偈即出於此經。

本經集錄諸經中佛之自說偈而成的經典，為策勵學眾精進向道，富有感化激發力量的偈頌集。行文概多平易簡潔，間雜巧妙的譬喻，在說一切有部、法藏部中，《法句》又稱《優陀那》。現存的《法句》，有漢譯本四部、銅鍱部傳巴利語本一部、藏譯本二部，以及近代發現的梵文本、犍陀羅語本。概因部派而有不同誦本，由於其組織不同，偈頌數亦異。

現存《法句》的不同誦本，完整無缺者，有二十六品本、三十九品本、三十三品本。

(1)二十六品本：從〈雙要品〉至〈婆羅門品〉，共四二三偈，為銅鍱部所傳巴利語本，編為南傳巴利聖典《小部》第二《法句經》。

(2)三十九品本：從〈無常品〉到〈吉祥品〉，共分二卷，名為《法句經》。吳・天竺沙門維祇難等所譯。收在《大正藏》第四冊。在內容方面，《法句經》本為出家眾所常誦，而三十九品中，有幾品重於在家，如〈道利品〉說君王（輪王）治國安民的法門。

(3)三十三品本：從〈無常品〉到〈梵志品〉，為說一切有部所傳。據說是法救所撰集。法救為西元前一、二世紀間人，是擴編《法句》者，而非創編者。亦即說一切有部誦本的編集者。此說一切有部本係以梵語寫成，現有梵本存在。西藏譯本亦屬三十三品本，名《優陀那品》，為偈頌本。

此外，又有漢譯二本，亦是三十三品本：

(1)《出曜經》，三十卷，約九三〇偈，罽賓・僧伽跋澄（Samahabhu^ti）執梵本，姚秦・竺佛念譯出。係《法句經》之註釋。

(2)《法集要頌經》（法優陀那的義譯），四卷，九三〇點五偈，趙宋天竺三藏明教大師天息災譯出，是純粹的偈頌集。

百喻經

《百喻經》，又名《百字譬喻經》，全經四卷（或作五卷），是用寓言以申教誡的一部著作，收在《大正藏》第四冊。

本書為第五世紀印度僧伽斯那所集。書本有作者的後記六頌。頌後記云：「尊者僧伽斯那造作癡花鬘竟。」《癡花鬘》應當本書的原名。本書寫成的時代，正是印度寓言文學盛行之時，也是有名的《五卷書》流行的時代，《五卷書》是當時印度婆羅門學者所撰用來教授貴族子弟的一部梵文寓言集。

本書的譯者求那毗地，是僧伽斯那的弟子。聰慧強記，能誦大小乘經十餘萬言。僧伽斯那所集喻，他悉皆誦習，並深明其意義旨趣。他於南齊．建元初（公元四七九年）來到中國建業，住毗離耶寺，永明十年（公元四九二年）九月十日譯出此書，並譯出《須達長者經》及《十二因緣經》各一卷，後於建業正（止）觀寺攝受徒眾，甚為著名，中興二年（公元五〇二年）於正（止）觀寺圓寂。

本書於十二部經中，屬於譬喻一類，每篇都有「喻」和「法」兩部分合成。

「喻」是一篇簡短的寓言，「法」是本篇寓言所寓含的教誡。這些寓言一方面是有趣的故事，此外也有很犀利的諷刺性，僧伽斯那在跋頌中說：本書以戲笑的方法來闡明佛法，如以苦藥和石蜜，雖損蜜味，但主要是為了治病。先講笑話，後講佛法，如先服吐下藥，後以酥滋潤體。笑話裡包含佛法，如樹葉裏阿伽陀藥，希望讀者但取佛法的阿伽陀藥，而拋棄戲笑的樹葉。

但本經各篇所說的寓言，可能都是從前民間所流傳，後為佛教學者採取應用。在漢文大藏經中現存的譬喻經，除本書外，還有道略集《雜譬喻經》一卷，姚秦．鳩摩羅什譯，道略集《眾經撰雜譬喻》二卷等。這類譬喻經的內容有的故事相當類似。

本經以各種譬喻故事來教誨大眾，主旨在對治煩惱，勸行布施、持戒、淨命、精進，兼明緣生、無我和一乘的道理，所以它是通於大小乘之作。由於比喻生動，加上譯文筆調樸實而明朗，所以流傳頗廣。

四十二章經

《四十二章經》為中國第一部漢譯佛經，全長共一卷，包含四十二篇短短的經文，收在《大正藏》第十七冊。

有關本經傳譯的記載，與漢明帝求法的傳說有密切的關係。《魏書》〈釋老志〉中記載：當時後漢孝明帝（公元五八～七五）夜夢金人，項有日光，飛行於殿庭，醒來後就問群臣誰了知此異像？傅毅稟帝其夢中為佛。於是漢明帝就派遣郎中蔡愔、博士弟子秦景等出使於天竺（印度），並畫回當地的佛塔遺範。

後來蔡愔一行人在天竺遇見沙門攝摩騰、竺法蘭二位高僧，並以白馬帶回《四十二章經》及釋迦牟尼佛立像。漢明帝就令畫工圖佛像，置於清涼台及顯節陵上；並將佛經緘於蘭台石室。由於蔡愔回到洛陽時，是以白馬負經而至，因此漢明帝建立白馬寺於洛城雍門西，此為中國第一座佛寺。

漢明帝求法有種種不同說法，因此有關本經傳譯的記載也有許多異說，而一般的說法，本經的初傳大約在公元六四年至七五年之間。

第一部漢譯佛經《四十二章經》存放於白馬寺

而此經的翻譯地點，自梁以來尚無定說。至於譯者，《出三藏記集》說竺摩騰譯寫，《歷代三寶紀》所引《寶唱錄》，又以為竺法蘭所譯，以上兩種說法都有，因此，後來本經通行本，都是題迦葉摩騰共竺法蘭譯。

全經大意說出家、在家應精進離欲，由修布施、持戒、禪定而生智慧，即得證四沙門果，文中包含了佛教基本修道的綱領。

各章的內容多見於阿含部經典，例如：第三章見《中阿含經》卷三《思經》、《伽蘭經阿含經》卷四十二，第十章見《中阿含經》卷三十九《須達多經》及別譯《須達經》、《長者施報經》。

八大人覺經

本經旨在闡明諸佛菩薩（即經中所謂的「大人」）所覺知思慮的八種法，長共一卷，為後漢·安世高所譯，收在《大正藏》第十七冊。經中佛陀教導佛弟子應觀察體會世間無常、多欲、心不足、懈怠、愚癡、貧怨、欲過患、生死等八種大人覺悟之道，以圓滿自覺、覺他。

關於本經的譯者，《法經錄》列之為失譯經；《長房錄》列為小乘修多羅，失譯；《出三藏記》闕其經名；《內典錄》所載安世高譯經錄一百七十餘部一百九十餘卷，其中並無本經，也將本經列於失譯部。但是智昇《開元錄》著錄安世高譯經九十五部一一五卷，其中則有「八大人覺經一卷，見寶唱錄」一語。

關於本經應該屬於小乘經典或是大乘經典，隋·費長房稱本經為小乘修多羅，唐·道宣則認為大乘經。明·智旭認為此「八大人覺」是利人利他，自他二利圓滿，斷苦趣覺，能證常樂，所以認為此屬於大乘經典。

遺教經

《遺教經》，全稱《佛垂般涅槃略說教誡經》，又作《佛垂涅槃教誡經》、《佛遺教經》、《遺教經》，由姚秦・鳩摩羅什所譯，全文共一卷，收在《大正藏》第十二冊。

本經內容敘述釋尊在入涅槃前，對弟子最後的教誡，謂當恪守戒律、降伏五欲、靜心不怠，並提出具體的實踐項目。禪門特別重視此經，與《四十二章經》、《溈山警策》合稱「佛祖三經」。

本經梵本已佚失。全經篇幅甚短，譯筆流暢，廣為歷代佛子所修學。本註疏甚多，其中，以世親菩薩所造之《遺教經論》最受後世所重視。

賢劫經

《賢劫經》（梵名 Bhadrakalpika-sutra），又稱《颰陀劫三昧經》、《賢劫定意經》。

本經漢譯本乃西晉竺法護於永康元年（三〇〇，一說永平元年）譯出，共八卷，計二十四章，收於大正藏第十四冊。梵文原典已佚，現存藏譯本與漢譯本等。

本經內容敘述佛陀在祇園時，答覆喜王菩薩之請問，首先說諸種三昧及其功德，次言八萬四千大乘德目及佛陀之殊勝功德，又列舉賢劫（現在住劫）期中所出現之千佛名稱及所居之城邑、族姓、父母、弟子、壽量、三會之眾數等，最後敘及傳持本經之各種功德。此經於各種佛名經中，乃最早之漢譯本，故保有最古之型態，譯出後即受到相當之重視。

據出三藏記集卷七出賢劫經記謂，本經係竺法護由罽賓沙門所得。有異譯本，即鳩摩羅什所譯，亦稱《賢劫經》，共計七卷，今已不傳。

長老偈・長老尼偈

長老偈、長老尼偈（巴利文 Thera-gāthā、Therīgāthā），是南傳佛教的巴利文聖典，為《小部》（Khuddakanikāya）中之二書。這兩本書可說是姐妹作，皆成書於西元前六至三世紀間。內容彙集佛陀在世時，弟子中之長老（比丘）及長老尼（比丘尼）所吟詠的偈頌。

兩書皆是以長老、長老尼所留下的偈數加以分類，留下一偈的彙集為「一偈集」，二偈的歸於「二偈集」，依此類推，以至於七十餘偈的「大集」。《長老偈》收有一偈集之一二〇頌至大集之七十一頌，共二十一集（nipāta）一二七九頌；《長老尼偈》收有一偈集之十八頌至大集之七十五頌，共十六集，五二二頌。《長老尼偈》中，一偈集第二及二偈集第一是佛說偈，以及五偈集第十是三十位尼師所說，六偈集第一是五百尼所說，除之外，所的長老尼有六十九位。

此二書經常被相互比較研究，英國著名巴利語學者戴維斯夫人認為兩書之語法、情感、風格皆有不同，她認為《長老偈》中的偈頌與近代著名詩人雪萊、濟慈的詩作有許多相似之處。在內容上，《長老偈》較偏重於修行上直接的體驗，而《長老尼偈》則多以生活中悟入修行的體驗為主。她們在講述自己的經歷及家庭、丈夫時，極其坦誠直率，毫不掩飾，扣人心弦，感人肺腑。而在講述她們出家修道的經歷和證得羅漢果位後的快樂，詩文皆自然、親切、坦誠、逼真，十分動人。從《長老尼偈》及其註疏中，我們可以了解到佛陀時代許多比丘尼出家的原因、修習止觀證得羅漢的過程；同時這也反映了古代印度的男女不平等各種社會問題。

長老尼偈的內容中採用了詩文的形式，將苦、集、滅、道四聖諦，諸行無常、諸法無我、涅槃寂靜之三法印等佛法要義都寓含於伽陀之中。《伽陀》中講到當時許多婦女體察到人生之苦，諸行無常，便皈依佛教，走上解脫之路。

例如第二一三至二二三首伽陀的作者蓋莎長老尼，她出生在一個窮苦的低賤種姓家庭。出嫁之後，因其出身貧賤，受到街坊鄰里的鄙視。直到生得一子，才贏得了人們星點同情。不幸幼子夭亡，蓋莎悲痛絕望，以至瘋癲。她抱著兒子的屍體四處求醫。有位智者教她去見佛陀救救死去的孩子，佛陀教她到城裏去找一戶從未死過人的人家討幾粒芥籽來，以為其子醫病。她跑遍全城，芥籽幾乎家家都有，但從未死過人的人家卻未能尋得。此事使蓋莎悟出了生死無常的道理。她恢復了理智，自說一首伽陀：「諸行無常，不分種姓，人間天界，一理相通。」她掩埋了兒子的屍體，求佛開示。進而髮出家，修習禪觀，終成阿羅漢。

長老偈．長老尼偈除了是重要的南傳佛教巴利文經典外，二者在文學及思想上所獲的評價都很高，與《梨俱吠陀》讚歌等同為印度抒情詩中的傑作，可以說是此二部經極大的特色。

第二章 大乘經典

「大乘」（mahayana），「大乘」是指大型的交通工具。在佛教史上，大乘佛教是指印度在部派佛教之後所發展出來的新興佛教運動，或指此一運動中的大乘佛教內涵而言。

公元前後，以佛塔為據點的一批包含在家人在內的佛教徒，興起了大乘佛教運動。這個思想的立場與重視出家眾的部派佛教有很大的不同，一改佛教向來以出家僧團為主的的型態，在思想內涵上更以度化一切有情的大乘菩薩道為主軸。隨著菩薩教團的擴大，他們與出家教團、其他集團產生接觸，其經典也逐漸修正與增廣，而逐漸齊備，更形成了許多新思想、新信仰的教團，也留下了許多大乘經典。

此運動持續至西元七、八世紀，其間所成立的大乘經典，現今尚留存者，漢譯本約有一千二百部，藏譯本約一千九百部。

印度的大乘佛教，大體上可分為初期、中期、後期三期：

一、初期大乘佛教：

這是指西元前後到西元三〇〇年左右的佛教。這是大乘佛教以嶄新、純粹的形態開創的時代。

初期大乘的經典，有般若諸經（《大般若經》、《大品般若》、《小品般若》、《金剛般若》、《理趣般若》、《般若心經》、《仁王般若》等）、《維摩經》、《華嚴經》、《法華經》、《無量壽經》等。

研究這些經典的偉大論師有龍樹、提婆等人，重要的大乘論書《中論》、《大智度論》、《百論》就是這個時期的作品。

二、中期大乘佛教：

公元三〇〇年左右到六五〇年左右，這一期間的大乘就是中期大乘佛教。在這一時代裏，大乘也逐漸地從事哲學的、學術的研究考察。在當時，外道的哲學思想有大幅度的開展，所謂「六師外道」，也就是當時的六派哲學等派，在這時極其興盛。相應於此，佛教也有開展出哲學理論的必要。不只是大乘，連部派佛教，也都詳細周密地開展各自的哲學思想。

中期大乘的經典，從思想方面來說，大體可以分為三個系統。這三種是：

(1)論述如來藏與佛性的經典：《如來藏經》、《勝鬘經》、《大乘涅槃經》等書皆是。

(2)瑜伽行派的經典：《解深密經》、《大乘阿毗達磨經》等書。

(3)綜合前二者的經典：《楞伽經》等書。此外還有《金光明經》、《寶積經》、《大集經》等書。

這個時期大乘經典加以研究，並對教理加以組織與解說的偉大論師，如：彌勒、無著、世親（天親）等。《瑜伽師地論》、《唯識二十論》、《大乘起信論》都是本時期重要的論書。

三、後期大乘佛教：

從七世紀左右開始，到十三世紀初，印度佛教滅亡為止，這段期間稱為後期大乘佛教。由於中期的大乘佛教，其哲學理論，陷入專門化形態，忽略了對民眾信仰實踐的指導。因此，使佛教產生了衰退的現象。後期的大乘佛教，就是要恢復民眾的信仰實踐的宗教運動。

在這裏，不但要保持中期的哲學理論，而且要使它們容易理解，因此用象徵式的方法來表現，以實現佛教的理想。當時印度一般流行的是象徵主義的怛特羅文學，依隨這個風潮而成為象徵主義化的，就是後期的大乘佛教，也就是真言密教。

依據這種象徵主義的表現法，手結印契是身密，口誦真言是語密，內心觀想象徵佛的種子字是意密。就依據這三密來實踐佛教的理想。關於密教的經典，本書於第六章中將進一步介紹。

悲華經

《悲華經》（梵 Karuṇā-puṇḍarīka），經題「悲華」，即「慈悲的白蓮華」之意，是指釋迦牟尼佛而言，主旨在讚歎釋迦如來於穢土中成佛的大悲誓願。

本經又稱為《悲蓮華經》、《大乘悲分陀利經》，共有十卷，為北涼．曇無讖所譯，收於大正藏第三冊。本經除了讚歎釋迦如來於穢土中成佛的五百悲願之外，也舉出以阿彌陀佛為首之諸佛、菩薩的淨土成佛加以對照，並對諸佛菩薩之本生、本願加以敘述。

本經古來有四種中文傳譯本：*1.*《閑居經》一經，由西晉．竺法護譯，為《悲華經》之同本異譯。*2.*《大乘悲分陀利經》，譯者不明，古來稱為秦譯本，今有八卷三十品；此經較曇無讖譯本更簡潔、且接近原貌。*3.*《悲華經》十卷，北涼．道龔譯，今不存。*4.*《悲華經》十卷，即本經所述者。

全經共有六品，第一〈轉法輪品〉與第二〈陀羅尼品〉，描繪蓮華尊如來所居之蓮華世界。第三〈大施品〉，就寂意菩薩所問佛陀出現於五濁穢土之緣由，明示本經之主題：釋迦牟尼佛以其大悲心及前世之誓願，而示現於污穢不淨的佛國土。又述及諸佛、菩薩之本生，並述及無諍念王之治世。

第四〈諸菩薩本授記品〉，敘述無諍王因大臣寶海之勸，乃生起淨土成佛之誓願，寶藏如來並授記其將來成佛，號無量壽。其次，千位王子也依次授記成觀世音、得大勢、文殊師利、普賢、阿閦佛等。寶海之八十子及三億弟子亦發無上菩提心，誓願穢土成佛。最後，寶海發五百誓願，願於惡世成佛。寶藏如來讚歎寶海是如白蓮華般的四法精進菩薩，稱為大悲菩薩，並授記其將於娑婆世界成佛，號釋迦如來。第五〈檀波羅蜜品〉，宣說大悲菩薩之菩薩行。第六〈入定三昧門品〉，明示釋迦如來之入定三昧，並列舉十種經名，最後以咐囑無怨佛宿仙人令護持流通本經。

無量義經

《無量義經》（梵名 Amitārtha-sūtra）。本經之旨趣，是因於眾生根性趣向有無量，因此佛陀說法無量；說法無量，義亦無量；而無量義生自一法，此一法即無相。本經與《法華經》、《觀普賢菩薩行法經》合稱為「法華三部經」。

本經共一卷，收於大正藏第九冊。本經經名的由來，是由於同經內多處，佛自說此經為「大乘無量義經」，而同時也是由於此經的主旨是眾生「性欲無量故，說法無量；說法無量，義亦無量；無量義者從一法生，其一法者即無相也。」故得此名。

一般認為本經為佛陀成道後四十餘年的晚年的說法。本經是由《法華》以前的方便經（權經）一轉為法華真實經（實經）的先序，也就是具有「開權顯實」的樞紐地位，在教判上占著重要位置。古來以本經為《法華》的開經，與結經——《觀普賢菩薩行法經》並稱為「法華三部經」。

本經第一的〈德行品〉是序分，第二的〈說法品〉是正宗分，第三的〈十功德品〉是流通分。〈德行品〉敘述一會大眾讚歎佛德，以「大哉大悟大聖王」為始的偈頌是讚佛頌的品名。

〈說法品〉是以大莊嚴菩薩為對大眾宣說疾得成佛的無量義法門。

〈十功德品〉是佛接續前品，說本經有十種不可思議的功德力，能令人速成無上菩提，並將本經付囑大莊嚴菩薩及八萬大菩薩，諸大菩薩也誓願佛陀滅度後弘化本經。

法華三昧經

本經乃佛為羅閱王之女利行宣說法華三昧行法，屬於《法華經》的部類，顯示了諸佛究極的法華三昧行法，十分的殊勝。

《法華三昧經》全一卷，收於大正藏第九冊，為智嚴於劉宋元嘉四年所譯。

本經敘述羅閱祇城耆闍崛山中，有無數比丘眾、菩薩眾等齊聚來會，欲請問佛，此時佛口放光明遍照十方，佛身忽然不見。一會兒羅閱王辯通、王女利行、諸女等齊來，佛遂由地涌出，坐大寶蓮華上，為王女宣說法華三昧之法。王女得道之後，與眾問答，諸女皆發心出家，王亦出家並得授記。

大乘本生心地觀經

《大乘本生心地觀經》，內容主要敘述佛陀在王舍城耆闍崛山中，為文殊等諸大菩薩開示出家住阿蘭若者，如何觀心地，息諸妄想，而成佛道之事。本經自古以來即以經中關於「四恩」之思想而著名，在此之前，雖也有若干報恩說，但都只是片斷的，像本經這麼有系統敘述的，尚不多見。

《大乘本生心地觀經》共有八卷，收於大正藏第三冊，為唐，般若所譯，略稱為《本生心地觀經》、《心地觀經》。本經的成立是以《般若》、《維摩》、《法華》、《華嚴》、《涅槃》等大乘佛教思想為基礎，再加上「唯心」、「唯識」的學說而建立「三界唯心唯識說」。在實踐方面，本經主張彌勒信仰，教人應持守瑜伽、梵網等大乘戒，並勸修《真實經》等所說的三密修行。

本經除了以「報恩說」馳名外，經中也含有甚深的教理，以及修道生活上的主張，經中不僅教示修行者在無人的靜處、持戒及修習十度（波羅蜜），並勸勉應依禪定觀心；這也正是本經所以名為《心地觀經》的原因。

勝鬘經

《勝鬘經》（梵 Śrīmālā-siṃha-nāda-sūtra）具稱為《勝鬘夫人師子吼經》，本經敘述勝鬘夫人由於其父波斯匿王與其母末利夫人的引導，聞法見佛而生信解，得到授記，即於佛前演說一乘、一諦、一依等大乘佛法。

勝鬘夫人的父親為中印度舍衛國波斯匿王，母親為末利夫人。勝鬘夫人從小聰明通敏，受到父母薰陶而歸依佛道，敬禮讚歎如來，得當來作佛之記。《勝鬘經》就是她承佛威神力所宣說攝受正法等法門之經典。後來她嫁給阿踰闍國友稱王，也為其說大乘之法，並與大王共同教化國中人民。

相傳當時，波斯匿王因為無兒息，祈神請福，後來果然生下一女，國民群寮皆悉歡喜，各自獻上寶華、雕麗珍飾，而將此女取名為勝鬘。勝鬘夫人不但容貌絕倫，更是聰慧利根，無論在外貌或內涵都超勝世間的女子。

本經收於大正藏第十二冊，內容分為十五章，前三章敘述勝鬘夫人皈依、受戒、發願的經過。第四章詳說攝持正法，總攝一切願行。而本經所說的「正法」，是專指涅槃一乘法。第五章說明關於一乘法的修證。從第六章到十二章，解說三乘必歸於佛乘而為一乘所攝，於此詳說入於一乘之道。第十三章說入一乘道之因。於此解釋佛說「心性本淨、客塵所染」密意是指眾生的「如來藏心」。第十四章說淨信為本，仍指歸於涅槃。第十五章總論以上文義作結。

本經有漢文和藏文兩類譯本，經題詳略不一。漢文譯本有三種：一、《勝鬘經》一卷，為北涼·曇無讖所譯，但早已佚失。二、《勝鬘師子吼一乘大方便方廣經》一卷，為劉宋·求那跋陀羅所譯，今存。三、《勝鬘夫人會》一卷，唐·菩提流志所譯，編入《大寶積經》第四十八會，今存。藏文譯本一種，共二卷，為勝友、善帝覺、智軍合譯，也編入《大寶積經》裡，今存。

在現存譯本中，漢地最流行的是劉宋譯本。這譯本的譯文簡當，且為歷代學者講說、著述所引據，所以受到十分重視。

般若心經

《般若波羅蜜多心經》，《般若心經》是般若系統裏面，文字最少的一部經，在中國這本經幾乎是學佛者都會背誦的經典。

本經全長一卷，由唐・玄奘所譯，貞觀二十三年（六四九）譯出，略稱為《般若心經》、《心經》，收在《大正藏》第八冊。

《般若波羅密多經》的「心」字，是指精髓、心臟的意思，在西藏也有所謂「心中心」。就是精妙、精髓，含有秘密的意義，因此《般若心經》也就象徵著整個《大般若經》的心髓。

本經文旨，原出於大部《般若經》內有關舍利子的各品，各品說佛和舍利子問答般若行的意義、功德，本經即從其中撮要單行，以故在先所出的譯本都缺首尾二分。經中所說義理在發揮菩薩三三昧相應行中以空相應為第一，行空相應的菩薩即不會墮於二乘，而能莊嚴清淨佛土，成就有情，疾得無上正等正覺。本經依據此義，以行深般若波羅蜜多為空相應行。更進而說由空無所得為方便，遣五蘊執，契證實相。全經文句簡約而賅攝般若甚深廣大之義，得其心要，故名為《心經》。

至於全經結構，先明能觀智，即深般若；次辨所觀境，即顯示諸法實相即空相，遮遣五蘊、六處、十八界，緣生、四諦、智，斷諸法執；後顯所得果，先之以得涅槃果，次之以得菩提果，闡明諸佛皆依甚深般若觀慧相應無所得實相，而得一切智智之義。

又本經首尾都說到般若能度苦厄，明般若之出現世間，乃為除世間一切苦，亦即大經所讚嘆菩薩行般若波羅蜜多，心念慧益一切眾生，當以一切智智知一切法，度脫一切眾生，除佛智慧，過一切聲聞、辟支佛之上等等殊勝功德。

在中國《般若心經》的翻譯有很多的異本。到現在，現存的古譯本大約九種，其中有兩種已經佚失了。《心經》在中國的翻譯，最主要有兩大系統，第一個系統是屬於略本的系統，另一個系統屬於廣本。略本的系統，只有正宗分的部分，而廣本的系統除了正宗分外有敘分和流通分為一完整的經典模式。但我們平常所使用的《般若心經》是略本的系統，為玄奘大師翻譯的。這《般若心經》除了玄奘大師所翻譯的之外，還有鳩摩羅什所翻譯的《摩訶般若波羅密咒經》等九個譯本。

現存此經的梵本，即有在尼泊爾發現的大本和日本保存的各種傳寫模刻的小本兩類。一八六四年，比爾始據本經奘譯本譯成英文，一八八四年，馬克斯·穆勒共南條文雄校訂本經大小兩類梵本，一八九四年，穆勒重將本經譯成英文並編入《東方聖書》。

大品般若經

《大品般若經》（梵 Pañcaviṃśati-sāhasrikā-prajñāpāramitā），全名為《摩訶般若波羅蜜經》，全經共二十七卷，由鳩摩羅什在姚秦·弘始五至六年（四〇三～四〇四）譯出，收在《大正藏》第八冊。龍樹菩薩所著的《大智度論》，即是《大品般若經》最早的釋論。

此經據《大智度論》卷一百說是二萬二千頌，但印度南方另有二萬頌的本子（《現觀莊嚴論》所據本）流行，而玄奘所譯《大般若經》第二會則是二萬五千頌。這些都是因時因地流傳而有增減，現今大多以二萬五千頌為經名。

《般若經》在印度大乘教中出現最早。據多羅那他《印度佛教史》所述，八千頌的《小品般若》在旃陀羅笈多王時出世，約於西元前四世紀之末流傳。後於西元一七九年（漢·光和二年）由竺佛朔和支婁迦讖譯為十卷《道行般若》。

三國時，穎川朱士行認為《道行般若》義理不具足，而於西元二六〇年西行，到于闐國，取得《般若經》的梵書正本，凡九十章，於二八二年遣弟子弗如檀（法饒）送經到洛陽，後來遇竺叔蘭和無羅叉，遂在二九一年共譯為《放光般若經》三十卷（或二十卷）。在這以前，竺法護曾在二八六年譯出《光贊般若波羅蜜經》三十卷（殘），品目開合和《放光般若》有些不同。這兩部般若內容大同於《大品般若》。

姚秦時代，鳩摩羅什大宏龍樹一系的學說。他在翻譯《大智度論》的同時，譯出《大品般若經》，經文有疑，即依釋論勘正，文義既具足，而且經論並翻，所以《般若》的傳譯極為完美。後來，初唐．玄奘曾據二萬五千頌本重譯為《大般若經》第二會七十八卷（六六二年），辭義更為圓滿，但對於中國佛學的影響終未如羅什所譯《大品》來得大。

《大品般若經》，的經文次第可分為五周。自〈序品〉以下至第五品為舍利弗般若，佛與舍利弗談菩薩智慧，說菩薩二諦。第六品至第二十六品為須菩提般若，佛與須菩提談菩薩三解脫門，說摩訶衍摩訶薩。第二十七品至第四十四品為信解般若品，佛與帝釋說般若福德，令初發心者都生信解。又為彌勒說菩薩行，令已成熟者入甚深般若。第四十五品至第六十六品為實相般若，說魔幻魔事和阿鞞跋致（不退轉）相，令久修人功深不退。第六十七品至經末為方便般若，詳說菩薩境行果而以方便為指歸。

從全經來看，第六十六品以前顯然自成一部分（有〈囑累品〉）；而《小品般若》和唐譯《大般若經》的〈四分〉、〈五分〉以及宋譯的《佛母寶德藏般若波羅蜜經》（三卷，宋．法賢譯）都是這一部分的略本。從《小品般若》中可以看出信解般若和實相般若兩周更是全經的重心。

小品般若經

《小品般若經》（梵名 Aṣṭasāhasrikā-prajñāpāramitā）即梵本《八千頌般若經》的漢譯中文，竺佛朔在中國譯出《道行經》，為中國佛教史上大乘經典翻譯的嚆矢。

本經原譯名為《摩訶般若波羅蜜經》，為與同名的《大品般若經》（即梵本《二萬五千頌般若經》的漢譯）有所區別，而將之稱為《小品摩訶般若波羅蜜經》，簡稱為《小品般若波羅蜜經》，也稱為《小品經》，共有十卷，相當於《大般若經》第四分。

本經如同經題所稱為《般若波羅蜜經》，是以開示般若波羅蜜為其根本的要旨。「般若」譯為「智慧」，與經驗性的「知識」全然不同，是屬於實證體驗的直觀智慧。「波羅蜜」譯為「到彼岸」，是指般若智慧之究竟狀態。而般若智慧的內容，即是「空」（sunyata）之實相。本經與其餘般若經典，均立足於大乘佛教的根本思想上，全經二十九品所闡述的皆是般若空之實相，及體證般若的實際方法。

本經是後秦鳩摩羅什所譯。關於本經之異譯，一般傳述有十二種，目前尚存的有七種：

1.《道行般若經》，共十卷，後漢支婁迦讖譯，2.《大明度經》，共六卷，吳・支謙譯，3.《摩訶般若波羅蜜經鈔》，共五卷，符秦曇摩蜱、竺佛念譯。4.《摩訶般若波羅蜜經》，共七卷，姚秦・鳩摩羅什譯。5.《大般若波羅蜜多經第四》共十八卷，唐・玄奘譯。6.《佛母出生三法藏般若波羅蜜多心經》，共二十五卷，宋・施護譯。7.《佛母寶德藏般若波羅蜜經》，共三卷，宋・施護譯。

本經在中國佛教史上自翻譯初期至末期為止，著名的翻譯家都曾經從事過翻譯，僅以此點亦可窺知，本經在中國是和印度一樣，都十分受到重視。竺佛朔譯出《道行經》，在中國佛教史上，稱為大乘經典翻譯的嚆矢，道安曾為此經撰寫書序及註釋，中國對經典的製序及註經即是以本經為開端。

金剛經

《金剛經》全名《金剛般若波羅蜜經》（梵 Vajracchedikā-prajñāpāramitā），是中國佛教史上極為普遍，廣為國人所諷誦與研讀，而且具有許多持誦靈感事蹟的經典。

本經共一卷，由姚秦・鳩摩羅什所譯，收在《大正藏》第八冊。本經經題有兩版譯本，一是鳩摩羅什所譯的《金剛般若波羅蜜經》；二是唐玄奘大師所譯的《能斷金剛般若波羅蜜經》。前者的意義是宛如金剛一般堅固不壞的般若智慧；後者是連金剛皆可斷的般若智慧。以上兩種說法都代表本經是一部堅固、能破除一切煩惱迷惘、現證般若智慧的經典。

自古以來持誦《金剛經》而有所感應的事蹟時不勝枚舉，這是很特殊的現象，雖然《金剛經》是闡揚空的義理，實際上它也是一部功德外現、福德妙有，能夠與大眾深刻感應的一部經。以此立場來看，此經真空妙有，妙有之大用不可思議，所以能給予持誦實踐者莫大的功德利益，自然持誦感應事蹟不斷。

在六祖惠能大師之後，《金剛經》對中國佛教的修行人產生了很深遠的影響。在禪宗的歷史中，達磨初祖來中土以《楞伽經》來印證學人，教授開示禪者。到了五祖弘忍之後，就轉以《金剛經》來傳授心法，六祖惠能大師就是因為此經而開悟，於是《金剛經》就成為禪宗傳承中最重要的一本經典，此經與中國佛教的因緣也就連綿不斷了。

此經與玄奘譯《大般若經》第九會第五七七卷〈能斷金剛分〉同本。又，此經自羅什初譯以來，凡有五譯，即(1)《金剛般若波羅蜜經》，魏・天竺三藏菩提流支譯。(2)《金剛般若波羅蜜經》，陳・天竺三藏真諦譯。(3)《金剛原書第・・能斷般若波羅蜜經》，隋・大業年中三藏笈多譯。(4)《能斷金剛般若波羅蜜多經》，唐・三藏法師玄奘譯。(5)《佛說能斷金剛般若波羅蜜多經》，唐・三藏沙門義淨譯。

楞嚴經

《楞嚴經》是中國佛教極著名的經典，大家耳熟能詳的觀世音菩薩「耳根圓通法門」，大勢至菩薩的「香光莊嚴」，都出自此經。

本經全稱《大佛頂如來密因修證了義諸菩薩萬行首楞嚴經》，又作《大佛頂經》，凡十卷，唐・般剌蜜帝譯，收於大正藏第十九冊，為鳩摩羅什所譯《首楞嚴三昧經》之別本。

本經內容敘述阿難受摩登伽女之幻術，戒體將毀之際，佛遙知之，即遣文殊師利以神咒破幻術。佛陀為阿難開示「根塵同源」、「縛脫無二」的法理，並解說菩薩萬行、三摩提法的階次關係。尤其開演「七處徵心」、「八還辨見」，對宇宙的生成，菩薩的修行法要，及五十種陰魔的解說更有其獨到之處。本經依菩提心攝心以待得真淨妙心，與後代禪家的體解悟入真常妙心有深契之處。

如幻三昧經

《如幻三昧經》是宣說菩薩以大悲為根本，以空三昧為基礎，生起廣度一切眾生的「如幻三昧」之大乘經典。

「如幻三昧」是大乘佛教中，菩薩共行的三昧，可以說是菩薩們度化眾生的根本力量。菩薩以大悲為根本，以空三昧為基礎，生起如幻三昧度化一切眾生。如果菩薩的本願力不足，沒有諸佛的勸發，那將要證入涅槃，退轉至與聲聞、緣覺二乘一般。如果經佛的勸發，菩薩才會從甚深般若中，生起方便道，而現起如幻三昧，作利益眾生的廣大事業，並莊嚴一切功德而圓滿成佛。

菩薩依如幻三昧化度眾生時，不執著能度所度乃至化度眾生等一切眾相，現前如幻如化，自在救度，就如同幻師們幻化眾相一般。

《如幻三昧經》，有二卷，為西晉竺法護所譯，收於大正藏第十二冊。異譯本有《聖善住意天子所問經》，三卷，為魏毘目智仙共般若流支所譯。另外又有《善住意天子經》，四卷，為隋達磨笈多所譯，現在編入為《大寶積經》卷一〇二一〇五的〈善住意天子會〉。

本經的內容主述文殊菩薩想弘揚深法，所以入於離垢光嚴淨三昧，放光普照十方世界，感召十方的菩薩來到靈山，並雨華作樂，供養如來。大迦葉見了這樣的情境問佛，佛陀說明：十方菩薩來，遍入隱身三昧，是二乘所不能見的。而大迦葉、舍利佛及須菩提，入二萬、三萬及至四萬三昧，來求見諸菩薩，卻不能得。

文殊菩薩乃入三昧中，化現無量數的菩薩，為三千大世界的諸天子，以偈頌說法。而諸天子前來靈山，並以香華供養。天子們又到文殊菩薩的住處。而文殊菩薩與善住意天子論法，宣說：「無說、無聽，退轉與不退轉，如來如虛空」等法要。接著文殊菩薩與菩薩眾同來見佛，並說偈讚歎。

文殊菩薩又入降毀諸魔三昧，使魔宮失色，魔眾都現衰老相，心裏非常恐怖。化現的天子們，勸魔眾來見救護一切眾生的佛，佛陀則安慰他們。文殊菩薩與菩薩眾前來見佛，並自說初得降毀諸魔三昧的因緣。文殊菩薩說：有二十事，又六種四事，能得降毀諸魔三昧。佛對舍利弗說：文殊菩薩不但在這三千世界，十方界諸魔如有干擾人的，都以此三昧降伏他。

文殊菩薩承佛的慈命，恢復了眾魔的本形；為魔宣說六根緣著無所有的法要。文殊菩薩與十方界的菩薩們，都顯現不同的自身。最後文殊菩薩入於如幻三昧，善住意天子見到十方國土中，文殊菩薩現種種身而說法。

一般寺院常看到文殊菩薩仗劍的造型，源於《如幻三昧經》卷二中文殊菩薩「仗劍殺佛」的故事。當時佛陀說甚深法要時，會中五百位依此法修持而得神通的菩薩，知道過去生所犯的種種逆罪，不能於法安住不動，不能得證無生法忍。文殊菩薩為了破其罪相就示現執劍迫佛，就在大眾震驚凝神之時，佛陀透過與文殊菩薩的對話開示如幻之理，會中五百菩薩了悟無有作者、受者及所作之業，了悟一切法如幻無我，入於無生法忍。這就是文殊菩薩仗劍的由來，其金剛寶劍象徵著無上智慧，能破除眾生的煩惱執著。

本經精采奧妙，可說是每一個大乘修行人都要抉擇共修的三昧經典。

地藏菩薩本願經

《地藏菩薩本願經》（梵 Kṣitigarbha-praṇidhāna-sūtra），本經詳述地藏菩薩的本生誓願度化眾生的事業，彰顯本經不可思議功德，與《地藏十輪經》同為闡述地藏菩薩事蹟的重要經典。

本經又稱《地藏本願經》、《地藏本行經》、《地藏本誓力經》，長共二卷，為唐．實叉難陀所譯，收於《大正藏》第十三冊。

地藏王菩薩是在六道中示現，於未來際中救度無量苦難眾生，使之得到解脫安樂的菩薩。他更以「地獄不空，誓不成佛」的大願，廣為世人所熟知。也是佛教徒超荐先靈時，作為主尊的大菩薩。

《地藏菩薩本願經》〈囑累人天品〉中釋迦牟尼佛曾說：「吾今日在忉利天中，於百千萬億不可說不可說一切諸佛天龍八部大會之中；再以人天諸眾生等未出之界，在火宅中者付囑於汝（地藏菩薩），無令是諸眾生墮惡趣中一日一夜。」將末法時代無佛世界的眾生，交付給地藏菩薩。

地藏菩薩往昔在忉利天時曾受到釋迦牟尼佛的囑付，每日晨朝之時，必須入如恒河沙般眾多的三昧禪定，以觀察眾生的機緣，而予以救度。並在釋迦佛滅度之後，彌勒佛未來之際，二佛之間的無佛世界中，救度教化所有的眾生；所以他更是現前我們世間的大恩依怙。

法華經

《法華經》，全名《妙法蓮華經》（梵名 Saddharma-puṇḍarika-sūtra），是中國佛教廣大流行的經典，與《華嚴經》二經被並稱為「經王」。

大乘佛法興起之後，佛教中有了三乘的思想。以「聲聞」、「緣覺」為「二乘」或「小乘」，以「菩薩」為「大乘」。而《法華經》提出了「開權顯實」、「會三歸一」的思想，來融會三乘為一乘。並以「聲聞」、「緣覺」二乘為方便說，而此「二乘」也終究要成佛，因而開啟了「迴小向大」的門徑。

本經流布極廣，在中國佛教思想中，我們可從僧傳義解篇中，看出研究之眾多。而「天台宗」更以之為「純圓獨妙」，將《法華經》作為天台宗的根本經典。所以中國民眾普遍將《法華》、《華嚴》二經視為「經王」，可見其傳持之盛了。而古來書寫法華經之風氣也極為興盛，最早書寫本經而有文字可稽者為西涼建初七年（公元四一一）。

本經不只深深的影響中國，而出現了「教、觀雙美」的「天台宗」，更東傳日本，開啟了日本的天台信仰。日蓮更依之創立了最具有日本民族特色的「日蓮宗」，提倡「唱題成佛」，即唱誦「南無妙法蓮華經」即可成佛的新宗派。今日，日本的新興宗派，可說大多脫胎於「日蓮宗」。

《法華經》的流布之廣、研究之眾、註釋之多與信仰之盛與文化影響之大，實在是令人驚異的。

在歷代所譯的《法華經典》中以姚秦・弘始八年（四〇六）鳩摩羅什所譯的《妙華蓮華經》最為流行，略稱為《法華經》，共七卷，收於大正藏第九冊。歷代以來所廣泛流傳、講解註疏，都很根據鳩摩羅什的譯本。羅什譯本原是七卷二十七品，且其〈普門品〉中並無重誦偈。但後人將南齊・法獻共達摩摩提所譯的《妙法蓮華經》〈提婆達多品〉第十二和北周・闍那崛多譯的《普門品偈》收入什譯，構成七卷二十八品。其後又將玄奘譯的《藥王菩薩咒》編入，而成了現行流通本的內容。

法華經中諸品廣泛開演大乘教義。其主要思想是空無相的空性說和《般若》相攝，究竟處的歸宿目標與《涅槃》溝通，指歸淨土、宣揚濟世以及陀羅尼咒密

法華經金字寶塔曼荼羅．日本．妙法寺藏

護等，可謂集大乘思想之大成。其突出重點在於會三乘方便，入一乘真實。

此經自羅什的漢譯本問世後，隨即於漢地盛傳開來。在《高僧傳》所列舉的講經、誦經者中，以講誦此經的人數最多，於敦煌寫經裡也是此經所占的比重最大，僅南北朝時期，註疏此經的就達七十餘家，陳、隋之際智顗依據此經之說而創天台宗。

隋、唐以後，乃至明、清，一直流傳不衰，譯本傳入朝鮮、日本後，流傳也盛。尤其在日本，六世紀就有聖德太子撰寫此經《義疏》。九世紀傳教大師續開台宗，特倡此經。十三世紀日蓮專奉此經與經題立日蓮宗。現代新興的創價學會、立正佼成會和妙智會等教團，都是專奉此經與經題為宗旨的。

在古印度、尼泊爾等地曾長時期廣泛地流行。迄今已發現了分布在克什米爾、尼泊爾和中國新疆、西藏等地梵文寫本四十餘種。

觀世音菩薩普門品

《觀世音菩薩普門品》（梵 Samanta-mukha-parivarto nāmāvalokiteśvara-vikurvaṇa-nirdeśa），又稱《觀音經》、《普門品》，原來是《法華經》裏的一品，由於觀音信仰傳入中國而漸次流行，所以將本經從《法華經》中分出來，成為便於受持讀誦的單行本。全經共一卷，收在《大正藏》第九冊。

本品主要宣說觀世音菩薩的普門示現，由無盡意菩薩向佛陀啟問，初番先問答觀世音菩薩得名因緣，次番問答觀世音菩薩為眾生說法的方便，末段特別讚嘆觀世音菩薩弘誓、慈力，勸當憶念歸敬。

觀世音菩薩在大乘佛教中是顯現大悲，拔除一切有情苦難的偉大菩薩。他尋聲救苦，不稍停息；正如〈普門品〉中所說：「若有無量百千萬億眾生受諸苦惱，聞是觀世音菩薩，一心稱名，觀世音菩薩即時觀其音聲，皆得解脫。」可見其法門的廣大，與悲願的弘深。

當眾生有任何的需求，應以那一種身份得度，觀世音菩薩即示現何種身相來

妙法蓮華經觀世音菩薩普門品第二十五 八
尒時無盡意菩薩即從座起偏袒右肩合掌
向佛而作是言世尊觀世音菩薩以何因緣
名觀世音佛告無盡意菩薩善男子若有無
量百千万億衆生受諸苦惱聞是觀世音菩

觀世音菩薩普門品寫經

救度，這就是觀世音菩薩的「普門示現」。觀音菩薩由「普現色身三昧」現起的不可思議變化身，常在十方世界作無邊的救濟，使苦難眾生得到無限的安慰與清涼。

觀世音信仰很早就流行於西域，而且歷久不衰。因此，近人還在中國新疆吐魯番發現了回鶻文和古代突厥文的《普門品》譯本。其回鶻文本由拉德洛夫校刊並翻成德文，另有意大利文重譯本及日文譯本。

觀彌勒上生兜率天經

《觀彌勒上生兜率天經》，本經內容主要在敘述兜率天的各種莊嚴，並揭示彌勒菩薩現前在兜率天攝化天眾，弘法利生。經中並說如果作兜率天莊嚴觀，則可往生彼天，並隨待彌勒菩薩下生人間，得授菩提之記。本經收在《大正藏》第十四冊。本經宣揚彌勒信仰，為彌勒六部經中之最晚成立者。

本經又稱《彌勒菩薩般涅槃經》、《觀彌勒上生經》、《觀彌勒經》、《上生經》等，全文共一卷，為劉宋·沮渠京聲所譯，略稱《彌勒上生經》。

彌勒菩薩（梵名 Maitreya），漢譯為彌勒或彌帝隸，菩薩之姓，意譯為慈氏，有時佛亦稱之為阿逸多。由於他將繼釋牟尼佛之後，在此世間下生成佛，是一生補處菩薩，所以一般都習稱他為「彌勒佛」。

彌勒菩薩現居兜率天，盡其一生之後，即將到人間補釋迦佛處而成佛，所以也稱為「一生補處菩薩」。彌勒菩薩現在兜率天內院弘法，教化菩薩眾與天眾。此天的壽量與菩薩成佛，以及南瞻部洲人民具佛善根之業成熟的時間很相當，因此菩薩在此天受生。而且經過兜率天壽四千歲（彼天一日相當於人間四百年）之後，將會降生到我們這個世界，並在華林園龍華樹下成就佛道，且有三會度眾，轉妙法輪；而這三次度眾的法會，就稱為「龍華三會」。

彌勒菩薩的信仰中，也有往生兜率淨土的信仰。約在佛元九世紀開始（西元四至五世紀），在西北印度盛行，逐漸流布於中亞各國。在中國自晉朝至元魏時代，頗為盛行。中國歷代有許多祖師大德都往生兜率內院，龍華三會時，將跟隨彌勒佛教化人間。例如唐代之玄奘、窺基大師，明代之紫柏尊者，民國之太虛大師、虛雲老和尚等，是最為著名的。

彌勒下生經

《彌勒下生經》（梵 Maitreya-vyākaraṇa），本經內容敘述佛在舍衛國祇樹給孤獨園時，應阿難之問，開示彌勒菩薩降生於閻浮提之因緣。

本經又稱《觀彌勒菩薩下生經》、《彌勒成佛經》、《彌勒當來下生經》，或單稱《下生經》，全經共一卷，為西晉．竺法護所譯，收在《大正藏》第十四冊。

經中佛陀開示彌勒菩薩降生於閻浮提之因緣，在未來蠰佉轉輪聖王出現的時代，此王以正法治化，當時會有四大寶藏自然應現，彌勒菩薩將從兜率天降生人間，於龍華樹下成道後，率領弟子大眾到釋迦牟尼佛大弟子大迦葉入定留身之處，由大迦葉授以釋尊之僧伽梨（袈裟）。並於該地初會說法度九十六億人，二會度九十四億人，三會度九十二億人等等。

本經古來即頗為流行，梵本現存。此外，另有西藏譯、于闐語本，及以回鶻文字所書寫之土耳其古語經等。

念佛三昧經

本經全名《菩薩念佛三昧經》，本經中宣說念佛三昧，除了觀想念佛，即觀佛色身的相好之外，還要正觀如來法身，或由無相法身觀，現觀如來色身的相好。

本經共有五卷，收於大正藏第十三冊，為劉宋大明六年功德直所譯，與《大方等大集經菩薩念佛三昧分》十卷，係隋代大業年中，由達摩笈多譯出，為同本異譯。雖然二者有廣、略的不同，但是其文句不僅能相互對照，也可見到極多共通的譯語。

念佛思想起源於原始佛教中的三念、四念、六念乃至八念、十念中的念佛法門。行者於曠野之中，心中畏懼、憶念佛陀的功德，如此於恐懼中得到解脫。在原始佛教中，佛弟子臨命終時，一心念佛，生於天上，或臨終時，一心念佛，不墮三惡道，生在天上並七返生死而得涅槃；都是從原始佛教而來的固有信仰。到大乘佛教的興起，憶佛、念佛的法門特別的發達，除了對佛陀的永恆懷念之外，應有更深密的意義。此法門會成為廣大菩薩修行有力的一支，有其特別的價值。

念佛三昧是一切菩薩所必須修習的深行，而修行境界愈高的菩薩，愈能相續不斷的念念念佛。從原始佛教到大乘佛教，念佛法門在印度的發展是以實相念佛與觀相念佛為主。到了大乘佛法的發展，念佛法門不只是佛弟子對佛陀的永恆懷念，亦且是菩薩道行者對自我內在生命的需求。所以念佛法門在大乘佛教的發展中，成為重要的一支，而念佛三昧也就成為一切菩薩所必須成就的法行。

廣義的念佛三昧，是謂一切菩薩正念所持，如實憶念如來的法、報、化身功德等；如此能入究竟佛道，起大福德度一切眾生。本經中的念佛三昧，主要不只是觀佛色身的相好。而要正觀如來法身。如果能「獲得如是一切菩薩念佛三昧……彼諸世尊常現在前」，「住三昧已，常不遠離見一切諸佛，常不遠離聽聞諸佛所說妙法」，「爾乃讚誦三昧經，彼見無量億數佛，無邊淨光若日輪」等，也可由無相法身觀，現觀色身的相好。

般舟三昧經

《般舟三昧經》（梵名 Pratyutpanna-buddha-saṃmukhâvasthita-samādhi-sūtra），「般舟三昧」修行法是指經過七日乃至九十日間的「常行法」精進修行，終得諸佛現立在前的三昧。本經就是在說明如何修持般若三昧以見佛之法。

本經又稱為《十方現在佛悉在前立定經》、《大般舟三昧經》、《十方現在前立定經》，經文分十六品，敘述依般舟三昧以明見佛之法。全文共三卷，由支婁迦讖所譯，收在《大正藏》第十三冊。

「般舟」譯為「常行」及「常行道」，是根據《般舟三昧經》卷上〈四重品〉中所說：「不得臥出三月，如指相彈頃；經行不得休息，不得坐三月，除其飯食左右。」取其行相不得住、坐、臥。即行道無間斷之意。《般舟讚》更依此說其行相：「或七日、九十日，身行無間，總名三業無間。」意思是說此行相雖屬身業，但因口稱佛名，意觀佛體，三業相應，因此名為「三業無間」。

「般舟」又譯為「佛立」，也是根據《般舟三昧經》卷上〈問事品〉所說

「十方諸佛悉立在前」及〈行品〉所說「持是行法便得三昧，現在諸佛悉立在前」之意而得名的。關於此一法門修習方法，《般舟三昧經》〈四事品〉所載，修持此三昧，當在三個月中，除飯食及大小便之外，不坐、不臥、經行而不休息的禪法。

般舟三昧在中國得到廣大的弘揚與傳頌，淨土初祖慧遠大師在廬山白蓮結社，曾聚眾修習此法，而二祖善導大師及慧日、承遠、法照諸師也相繼著書，設立道場，加以弘揚，天台智者大師更將之列為四種三昧之一，稱為常行三昧。

本經之異譯本有同為支婁迦讖譯之《般舟三昧經》一卷，以及《拔陂菩薩經》一卷（後漢失譯）、《大方等大集經賢護分》五卷（隋·闍耶崛多譯）等。其中，一卷本《般舟三昧經》，據說其原傳於高麗，義天於肅宗十年（一一〇五）攜至日本。《開元釋教錄》卷一則以其為闕本，謂其譯於光和二年，由竺佛朔翻譯，支讖傳語，河南孟福、張蓮筆受。

華嚴經

《華嚴經》，（梵名 Budhâ ratam saka-mahâ vaipulya-sūrta），全稱《大方廣佛華嚴經》，意思是「被稱為佛華嚴的大方廣經」，簡稱為《華嚴經》。本經在大乘佛教中有著極為重要的地位。在中國漢譯的佛教經典當中，《華嚴經》更具有無比崇高的地位，向來與《般若》、《寶積》、《大集》、《涅槃》等經合稱為「五大部」，更與《法華經》並稱為「經王」。

相傳《華嚴經》是毘盧遮那如來於菩提場始成正覺時所宣說的。世親菩薩所見的《十地經》與尸羅達摩譯的《十地經》則以為「成道未久第二七日」，此說法為後代大眾所使用。此時佛陀所說之法，是針對文殊、普賢等大機菩薩演說其內證法門。根據此說，《華嚴經》於是被傳述為佛陀的最初說法。

此經的漢譯本中，以唐．實叉難陀譯八十卷本的文義最為暢達，品目也較完備，因而在漢地流傳最盛。收於大正藏第十冊。

此經的藏文譯本，係由印度勝友、天王菩提和中國西藏智軍共從梵文譯出，並由遍照護加以複校，成一一五卷。

此經的義理，為古今佛教學人所一致尊重。從南北朝以來，以判教著稱的江南三家都將此經判為頓教，而以其他經典判為漸教或不定教。其時北方七家判教的步調雖參差各不相同，但也以此經判為諸教中最高的圓教或頓教、真宗、法界宗等。此後隋．吉藏立三轉法輪，以此經為根本法輪；天台智顗立化儀四教，以此經列為頓教，又立化法四教，以此經列為別兼圓教；唐．窺基立三時教，以此經為中道教；賢首宗師則以此經判為五教中的一乘圓教，或十宗中的圓明具德宗。都顯示此經在佛教中向來被認為是最圓頓的經教。

關於此經古來傳播的情形，相傳佛滅度後，此經在印度曾經隱沒，後龍樹菩薩弘揚大乘，便將它流傳於世。龍樹還造出《大不思議論》十萬偈以解釋此經，現行漢譯的《十住毗婆沙論》十六卷，便是該論的一部分，為此經〈十地品〉中初二地的解說。在這以後，世親菩薩也依此經〈十地品〉造出《十地經論》，發揮了《華嚴》的要義，金剛軍、堅慧、日成、釋慧諸論師又各造出了《十地經論》的解釋，可以想見此經在古代印度曾經部分流行一時。

華嚴經善財五十參圖繪・日本・藤田美術館藏

從後漢以來，此經的別行本在中國雖陸續譯出不少，但它的傳弘還不見興盛。到了東晉・佛馱跋陀羅的六十卷本譯出以來，此經才受到漢地佛教學人的重視，對它傳誦、講習乃至疏釋的情形也漸行熱烈。而南北各地風行講誦，更促進了華嚴學的廣泛開展。

隨著此經在隋、唐時代的盛行傳通，遂有以專弘這一經的教觀為主的「賢首宗」漸次形成。專弘此經並因而蔚成一宗的法順、智儼、法藏、澄觀、宗密五師，世稱為「華嚴五祖」。

以此經的觀行講習為目標的華嚴宗風，從唐代以來即遠播於海外。七世紀中，新羅．義湘曾來唐在智儼門下受學，回國後弘通此經，為朝鮮華嚴宗初祖。同時元曉在新羅也精研此經。

《華嚴經》的異譯本，則有下列三種：

㈠六十華嚴。凡六十卷。東晉佛馱跋陀羅譯。又稱「舊華嚴」，收於大正藏第九冊。總成七處，八會，三十四品。

關於本經之翻譯，華嚴經之梵本，原有十萬偈，由東晉支法領從于闐國攜入三萬六千偈，自安帝義熙十四年（四一八）三月，由佛馱跋陀羅譯成六十卷，稱為六十華嚴，此即第一譯。

㈡八十華嚴。凡八十卷。唐代實叉難陀譯。又稱「新華嚴」，收於大正藏第十冊。總成七處，九會，三十九品。為六十華嚴之異譯。

八十華嚴之梵本，乃實叉難陀應武則天之請，從于闐國攜入我國，自唐武則天證聖元年（六九五）三月，於遍空寺內始譯，武后親臨譯場，揮毫首題品名，至聖曆二年（六九九）十月功畢，此即第二譯。新譯之八十華嚴比舊譯之六十華嚴，文辭流暢，義理更周，故流通較盛。華嚴宗之主經即此八十華嚴。

㈢四十華嚴，四十卷，為唐代般若譯，全稱〈大方廣佛華嚴經入不思議解脫境界普賢行願品〉，略稱〈普賢行願品〉，又稱貞元經。收於大正藏第十冊。為新舊兩譯華嚴經入法界品之別譯，與傳於尼波羅國（尼泊爾）之九部大乘經中之華嚴經為同本。內容記述善財童子歷參五十五善知識（或謂五十三參），而成就普賢之行願。

又四十華嚴之敘述，雖與新舊兩華嚴經之入法界品大同小異，然其文較廣，於卷四十中新添加普賢十種大願，及「重頌」（以偈頌重覆闡釋經法）之普賢廣大願王清淨偈，為本經之特色。

維摩詰經

《維摩詰所說經》（梵 Vimalakīrti-nirdeśa-sutra），是大乘佛教的重要經典，全經共三卷，收於大正藏第十四冊。

在本經的故事，開始是摩詰生病，釋尊派遣弟子們問疾，然而弟子們大多自承不堪前往。最後則由文殊率領大家前去。該經的精彩處，以及維摩詰的辯才，便在文殊問疾時的問答之間珠玉紛陳地展現出來。

維摩詰菩薩（梵名 Vimalakīrti 毗摩羅詰），漢譯有無垢稱、淨名、滅垢鳴等名號，是大乘佛教中，最為重要的居士之一。維摩詰菩薩出生於佛陀之時，是毘耶離城的大長者。傳說他本來居住於阿閦佛的妙喜世界，但為了度脫眾生，所以示現在毘耶離城。他曾供養過無量的諸佛，深植善根，是一位得證無生法忍的法身大士；具足無礙辯才與遊戲神通，圓滿六波羅蜜，能以無邊的方便善巧救度眾生。

維摩詰菩薩示現為居士身，所以有妻子、眷屬，但常修梵行。他能自在出入一切場所，相應於外道，是具足方便波羅蜜的偉大菩薩，也是所有佛教徒應當學習皈命的大士。因為，他的真正心態與目的是「至博奕戲處，輒以度人」、「受諸異道，不毀正信」、「遊諸四衢，饒益眾生」，甚至於「入諸淫舍，示欲之過」。他是一位奇特的在家菩薩，所行的一切不拘常格，自然的隨機設教。

在《維摩詰經》裏，故事的開始是維摩詰生病，釋尊派遣弟子們問疾，然而弟子們大多領教過維摩詰菩薩的犀利智慧與辯才，自承不堪前往。最後則由文殊率領大家前去。

在問疾時，維摩詰與文殊兩大菩薩藉由問疾，將甚深佛法開顯出來，使眾得到無邊法益，這實在是維摩詰菩薩大悲方便自然流露的法音。

由於《維摩經》特殊的劇場敘事風格，讓本經不同於其他記述型態的經典，而被廣泛地運用於文學、戲劇方面。《維摩詰經》除了在印度佛教據重要地位外，也是少數真能融入中國文化本位的一部佛典。它對中國哲學、宗教以至文學、藝術都有莫大影響，不論是僧是俗，不分學派教派，《維摩經》都為人熟知。

大寶積經

《大寶積經》（梵 Mahā-ratnakūṭa-dharma par-yāya-śatasāhasrikā-grantha）本經為纂輯有關菩薩修行法，及授記成佛等之諸經而成的叢書體裁經集。寶積，是「積集法寶」之意，因為所收之經皆為大乘深妙之法，所以稱之為「寶」；聚集無量之法門，而稱之為「積」。

《大寶積經》長共一二〇卷，收在《大正藏》第十一冊。玄奘在示寂前一年（六六三）曾試譯幾行，但覺氣力衰竭而輟筆，菩提流志從神龍二年（七〇六）開始編譯，歷時七年，於先天二年（七一三）完畢，完成玄奘未盡的偉業。

全經計收四十九會（部），其中，魏晉南北朝隋唐之諸譯經家用不同經名陸續譯出二十三會八十卷餘，稱為「舊譯」，菩提流志新譯出二十六會三十九卷半，稱為「新譯」，本經即為新舊譯之合編本。

全經內容泛論大乘佛教之各種主要法門，涉及範圍極廣，每一會相當一部經，也各有其獨立之主題，例如四十六會「文殊說般若會」主要論述「般若性空」之思想；第五會「無量壽如來會」宣說彌陀淨土之信仰；另如第二、第三、第七、第十一、第二十四會等則闡揚密教之各種重要教義。此外，本經各會所屬部類亦極紛雜，如第十四會「佛說入胎藏會」屬於小乘部，第一「三律儀會」、第二十三「摩訶迦葉會」屬於律部，第四十六會「文殊說般若會」屬於般若部，第四十七會「寶髻菩薩會」屬於大集部。

本經之梵本，今僅存部分斷簡殘片。據大慈恩寺三藏法師傳卷十等載，玄奘自印度歸返時，曾帶回本經之梵本，玄奘譯完大般若經六百卷後，諸方名德又敦請玄奘再譯本經，然其時玄奘已精力殆盡而預知寂期不遠，遂捨卻所請。而玄奘所帶回之梵本，今已不存。

《寶積》這樣四十九會的大叢書，是後來發展而成的。最初出現的是裡面最原始的一種，中國前後譯過四次，開始是支婁迦讖譯的，名叫《佛遺日摩尼寶經》。四個譯本名稱不同，都是小本《寶積》的異譯。

小本《寶積》是繼《般若》之後出現的大乘經類之一，其內容較《般若》更為豐富。不過基本理論仍出於《般若》。全部分為十六門，都是屬於大乘教法，具有重要意義。其中談到了大乘出家，即戒律的問題，談到定慧學，以大乘和小乘相比較指出其優劣。更值得的是提出了大乘的一個重要思想：「根本正觀」，說大乘應該用般若去觀察一切。菩薩乘就是提倡般若，所以《寶積》的根本正觀來自般若。具有智慧，就掌握得到判別正與不正的方法，從而使他們的理論超出了單純的空觀，提出所謂「中道」。

此經繼承龍樹吸取和利用外道所說的四無量這一方法加以淨化昇華，把四無量列在六度之先，以四攝為六度的推廣，構成了以六度為中心的組織體系。

首楞嚴三昧經

《首楞嚴三昧經》（梵 Śūraṃgama-mahā-sūtra），「首楞嚴三昧」是梵語，又作「首楞伽摩三昧」，意譯為「勇健定」、「健行定」、「健相定」，菩薩得此三昧，則諸煩惱及惡魔皆不得破壞之，並且恰如大將率領兵眾，一切三昧悉皆隨從。

本經共二卷，為後秦．鳩摩羅什所譯，又稱《首楞嚴經》、《舊首楞嚴經》，收於《大正藏》第十五冊。此經內容敘述佛應堅意菩薩及舍利弗所問，為說首楞嚴三昧法，並示現其威力，且以百句義解釋此三昧，並列舉化度魔女、彌勒之神通以揭示此三昧的神變不思議功德。

此經自後漢以來，屢被傳譯，譯本共有數種，但如今僅存鳩摩羅什之譯本。

又，此經自古即盛行於印度，故《大般涅槃經》卷四、《法滅盡經》、《大智度論》卷四、卷十、卷二十九、卷三十四、卷四十、卷七十五，以及《大乘集菩薩學論》卷一、六等，皆有所引用。

月燈三昧經

《月燈三昧經》（梵 Samādhi-rāja），梵名意思是《三昧王經》，本經為中觀學派之重要經典，藏密噶舉派，更是以此經為大手印的根本心要。

本經又稱《入於大悲大方等大集說經》、《大方等大集月燈經》，漢譯共有三本，主要為十卷的《月燈三昧經》，為高齊．那連提耶舍所譯，收在《大正藏》第十五冊。

經中述說佛在王舍城闍崛山時，應月光童子所問，對云依平等心、救護心、無礙心、無毒心及在因地所修的無量三昧，而得菩提。或成就施、戒、忍辱等法，則得諸法體性平等無戲論三昧。又說，菩薩應當成就善巧，於不放逸，修神通之業本，行財施、捨身。佛亦提及自己在因中所行的施、戒等，以明若具足修學身戒，則可得相好及一切戒。

本經另有二種異本，其一題為《佛說月燈三昧燈》，又稱《文殊師利菩薩十事行經》、《逮慧三昧經》，一卷，劉宋．先公譯，收在《大正藏》第十五冊。

相當於那連提耶舍十卷本中的第六卷。內容亦具備序、正、通三分，由長行及重頌構成。乃佛對文殊師利童子，就布施等六度行及空觀，乃至分衛等說十事。故稱《文殊師利菩薩十事行經》。《法經錄》記載劉宋．先公譯《月燈三昧經》第七卷異譯者，即是此經。

本經在中國及日本，雖然不甚流行，但在尼泊爾，則為九法之一。中觀學派之大成者月稱的著述《入中論》、《中論釋》、大乘集菩薩學論》等書，都常引用本經，由此可知本經為中觀學派之重要經典。而藏密噶舉派，更是以此經為大手印的根本心要，在西藏也有極大的影響力。

本經梵名為《三昧王》，可見本經在禪法三昧中的重要地位，而本經以諸法體性平等無戲論三昧，來顯現諸法的體性，更是一般佛教行人，乃至禪、密行者，所應細密合參的。

觀佛三昧海經

《觀佛三昧海經》（梵名Buddha-dhyāna-samādhisāgara-sūtra），本經所開示的念佛法門主要是以觀像為根本，以觀察佛陀的三十二相，觀佛的色相與心，觀佛的四威儀等，然後證得念佛三昧。

本經又稱為《觀佛三昧經》、《觀佛經》，詳稱《佛說觀佛三昧海經》。共有十卷，為東晉佛陀跋陀羅所譯，收於大正藏第十五冊。本經係佛陀在迦毘羅城尼拘樓陀林，為父親淨飯王及姨母開示觀佛三昧法門的經典。

本經也是屬於念佛三昧的法門，而其中所開示的念佛法門主要是以觀像為根本，所以先觀察佛陀的三十二相，觀佛的色相與心，觀佛的四威儀等，然後證得念佛三昧。

本經的旨趣，可由經文末尾如來所開示之經文得知：「爾時，尊者阿難即從座起，頂禮佛足，白佛言：『世尊！當何名此經？此法之要當云何持？』佛告阿難：『此經名繫想不動，如是受持；亦名觀佛白毫相，如是受持；亦名逆順觀如來身分，亦名一一毛孔分別如來身分，亦名觀三十二相、八十隨形好諸智慧光明，亦名觀佛三昧海，亦名念佛三昧門，亦名諸佛妙華莊嚴色身，亦名說戒、定、慧、解脫、解脫知見、十力、四無所畏、十八不共法果報所得微妙色身經，汝好受持愼勿忘失。』」

經中佛陀教導大眾從繫想不動，觀如來白毫相、身分、乃至一一毛孔等三十二相好及種種智慧光明，並憶念此相好實為如來戒、定、慧、解脫、解脫知見，及十力、十八不共法等佛德所感得之微妙色身相好。如果能依持本經，現觀了悟佛陀的廣大三昧大海，如此就能憶持念佛，永不忘失。

大般涅槃經

《大般涅槃經》（梵 Mahāparinirvāṇa-sūtra），為大乘五大部經之一。

本經又稱為《大本涅槃經》，或《大涅槃經》，是宣說如來常住、涅槃常樂我淨、眾生悉有佛性乃至闡提成佛等義的佛典。漢譯本作四十卷，北京．曇無讖譯。收在《大正藏》第十二冊。此經最早傳入中國的部分，相傳即後漢．支婁迦讖所譯的《梵般泥洹經》二卷，但其經早佚。

至東晉時，高僧法顯於摩竭提國巴連弗邑，得到該地優婆塞伽羅寫贈的《大本涅槃》前分的梵本，歸至建康道場寺，於義熙十三年（四一七）與梵僧佛陀跋陀羅譯出為六卷（或作十卷），名《大般泥洹經》，或稱《方等大般泥洹經》。內容相當於《大般涅槃經》的前五品，為現存此經最早的異譯本。

本經的譯者天竺三藏曇無讖，最初在天竺遇見白頭禪師，得到樹皮《大涅槃經》本而專業大乘，後來齎著此經的前分並《菩薩戒經》、《菩薩戒本》等梵本來至龜茲。但因龜茲人多習小乘學，不信《涅槃》，曇無讖遂至敦煌。後因沮渠

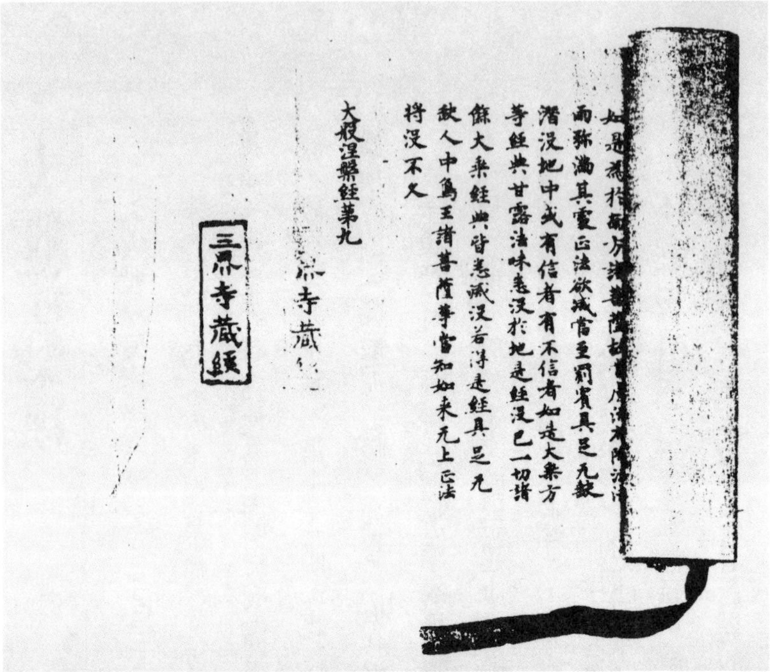

大涅槃經寫本・敦煌

蒙遜於玄始十年（公元四二一）攻入敦煌，才將曇無讖迎至姑臧，並請於同年十月出譯此經，時西河高僧慧嵩、道朗相與筆受助譯，而翻成此經三十六卷。

本經義理豐富而精致，其內容要點，即為針對灰身滅智的小乘涅槃之說，而闡述佛身常住不滅，及常樂我淨義。又不同於大乘中的三乘五姓說，而顯示眾生悉有佛性，一闡提和聲聞、辟支都當得成大覺義；並廣說與涅槃有關的一切菩薩法義。因之此經被稱為大乘佛教的極談。

由於此經暢演大乘義理，議論宏闢，精義迭宣，因此從開始譯出以來，就在中國佛教界產生了極大的衝擊。

此經的藏文譯本有二種：一名《大乘大涅槃經》，由勝友、智藏、天月從梵本譯出，相當於此經從初至〈大眾所問〉的前分五品。或法顯所譯的六卷《泥洹經》。另一名《大般涅槃經》，由王寶順、善慧、海軍從漢譯本重譯出，相當於此經全部四十卷和《大涅槃經》後分二卷。

阿彌陀佛經

《阿彌陀佛經》（梵 Aparimitāyus-sūtra），敘說阿彌陀佛淨土功德莊嚴而勸發佛弟子念佛往生彼土的經典，為淨土三經之一。

全經共一卷，由姚秦·鳩摩羅什所譯，收在《大正藏》第十二冊。

阿彌陀佛，意譯為無量光或無量壽佛，乃是西方極樂世界的教主。在大乘佛教中，阿彌陀佛佔有極重要的地位；他以觀世音、大勢至兩大菩薩為脅侍，在西方極樂世界中，實踐其教化眾生、接引有情的偉大悲願。

本經中描繪極樂國土皆為七寶所成，沒有山、海、江河，純一平坦。亦沒有三惡趣、鬼神之類；全是菩薩、羅漢，壽命亦是無量。若欲食時，飲食自然化現，意以為食，自然飽足，不會貪著。極樂世界無有婦女，女人往生的，自然化作男子。往生阿彌陀佛國者，在七寶池的蓮花中化生，面貌端嚴無比。總之，極樂世界有無邊莊嚴，無量之法喜，皆是彌陀願力之所成就。

《阿彌陀佛經》漢譯中的羅什譯本，文辭平易而且流暢簡明，最為漢地佛教

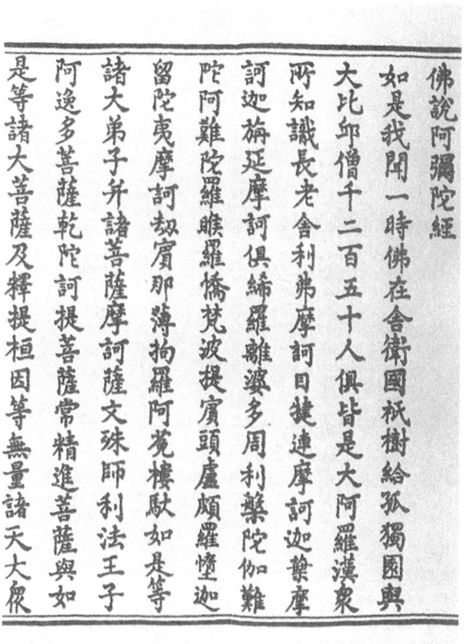

佛說阿彌陀經
如是我聞一時佛在舍衛國祇樹給孤獨園與
大比丘僧千二百五十人俱皆是大阿羅漢衆
所知識長老舍利弗摩訶目犍連摩訶迦葉摩
訶迦旃延摩訶俱絺羅離婆多周利槃陀伽難
陀阿難陀羅睺羅憍梵波提賓頭盧頗羅墮迦
留陀夷摩訶劫賓那薄拘羅阿㝹樓馱如是等
諸大弟子幷諸菩薩摩訶薩文殊師利法王子
阿逸多菩薩乾陀訶提菩薩常精進菩薩與如
是等諸大菩薩及釋提桓因等無量諸天大衆

佛說阿彌陀經．宋代緙繡佛經

學人所樂於持誦，因此流傳最廣。本經的內容，是敘述佛一時在祇樹給孤獨園，向長老舍利弗等稱說西方極樂國土阿彌陀佛依報和正報的功德莊嚴，執持阿彌陀佛名號一心不亂即得往生彼國；同時六方諸佛各出廣長舌相證成釋迦佛所說真實不虛，並對念佛眾生共加護念等事。

此經在中國曾經三次漢文譯出，但以羅什譯本弘傳最盛，因而古來各家多據此本從事疏講，此經在朝鮮、日本流傳也甚廣，朝鮮許多古德對於此經皆有註疏。

寶如來三昧經

《寶如來三昧經》，在本經中佛陀示現寶如來三昧，震動九億萬佛剎，而開啟了本經的因緣。寶如來三昧以「般若寶」、「智慧寶」為體，得證了寶如來三昧，一切眾皆悉來集。在本經中，宣說了寶如來三昧的功德與修證等內容。

本經又名《佛說寶如來三昧經》，為東晉祇多蜜（Gitamitra）所譯，共有二卷。原譯本稱為《無極寶三昧經》為東晉竺法護所譯，也是二卷，收於大正藏第十五冊。

本經以寶如來菩薩為中心，以人顯法。經中以舍利弗與與寶如來菩薩的問答為起首，佛陀為寶如來菩薩開示，要善男子、善女人發阿耨多羅三耶三菩提心，當行九法寶。

接著，文殊菩薩啟問寶如來菩薩所從來的佛剎之功德莊嚴，如果有善男子、善女人聞此三昧，即能除去六百四十劫罪盡，且命終之時，即得往生寶如來淨土。佛陀為彌勒菩薩宣說當行九法，能疾得寶如來三昧；並宣說了無數的三昧境界。

無量壽經

《無量壽經》（梵 Aparimitayur-sutra），本經是敘述阿彌陀佛過去的因行、所創建的淨土功德莊嚴，以及此土眾生往生行相的經典，為淨土三經之一。

本經為曹魏．嘉平四年（二五二）康僧鎧所譯，共二卷，收在《大正藏》第十二冊。由於本經有二卷，分量多於《阿彌陀經》，因此，相對於《阿彌陀經》之被稱為「小經」，本經則被稱為「大經」，或「雙卷經」。

此經的漢文譯本，相傳前後有十二種，在日本、朝鮮、越南等國，古來一般均通行漢文譯本，而尤以曹魏．康僧鎧譯的《無量壽經》在各國流傳最廣，這應該是由於這一譯本在中國古來即已盛行弘通，對於此經的講誦疏註最為興盛的影響所致。

本經的內容略述如下：此經敘述佛在王舍城耆闍崛山，大比丘眾萬二千人並諸大菩薩眾一時來會。這時世尊姿色清淨，光顏巍巍，阿難啟請，佛即為說過去世自在王佛時，有一國王聞佛說出家名號法藏，發無上心，五劫思維，攝取諸佛國土的清淨之行，並發四十八項莊嚴佛土、利樂眾生的大願，經過了漫長的時期，累積了無量德行，在十劫以前便已成佛，號無量壽，光明壽命最尊第一，並已成就無量功德莊嚴的安樂淨土。

其土聲聞菩薩無量無數；國中講堂、精舍、宮殿、樓觀、寶樹、寶池等都以七寶嚴飾，微妙嚴淨，隨意飲食百味，演出伎樂萬種，皆是法音。其國人眾智慧高明，顏貌端儼，但受諸樂，無有眾苦。眾生往生彼國都入住正定聚。至於往生的行相，有上輩、中輩、下輩三種分別。

國中菩薩都得到一生補處，以觀世音、大勢至為其上首。眾生生彼國土皆具三十二相，智慧圓滿，神通無礙，殊勝安樂說不能盡。佛勸彌勒並諸天人等，各勤精進，不要懷疑，信心迴向，便能在彼國七寶華中化生，他方十四佛國乃至十方無量佛國菩薩往生彼國的也無量無數。彌勒、阿難等諸大菩薩、聲聞聞佛所說皆大歡喜。

此經的各種譯本敘述彌陀成佛的因果、淨土依正二報、眾生往生的行果大體相同，只是在文字記載上互有出入。

此經在印度似乎早已流行，世親菩薩造的《無量壽經優婆提舍願生偈》，大約是依此經義而作。中國從南北朝以來，此經即盛行弘通。此經過去在朝鮮、越南也傳習頗盛。尤其是在日本由於淨土宗開創者源空、真宗創立者親鸞均專依據此經發揮他力易行念佛的宗義，對於此經的弘揚更形顯著。

如來智印三昧經

《如來智印經》記載佛陀為舍利弗等聲聞弟子大眾宣說如來智印三昧，令得觀佛身。本經共一卷，已失譯，收於大正藏第十五冊。其異譯本則有吳支謙譯的《慧印三昧經》一卷及宋智吉祥等譯的《大乘智印經》五卷等。

本經述說佛在王舍城迦蘭陀竹園入佛境界三昧，無色無執，無色無形，不見如來身及身相，不見心及心相。文殊菩薩要舍利弗等諸大聲聞入三昧觀察，還是不見佛身及身相。直到佛陀出定，大眾才得以見佛身。

在此經中，佛陀開示如來智印三昧法門的微妙功德，彌勒菩薩、文殊菩薩、喜王菩薩等六十位菩薩，發願在未來世護持此經，佛陀乃為他們宣說此法的真義。佛陀並告訴文殊師利菩薩，若要成就佛菩提者，應當專心修學此三昧。如來智印三昧（慧印三昧）能成就三十二相、八十種好、十方、四無所畏、大慈、大悲，並成就佛眼。佛陀並宣說，他安住此三昧，見然燈佛時就已成證菩提；但是為了三事：為眾生作佛事、化度眾生及宣說本願，所以化現於人間。

坐禪三昧經

坐禪三昧經（梵 Dhyāna-niṣṭhita-samādhi-dharmaparyaāya-sūtra），本經為佛教諸家禪要之纂集，內容闡明五門禪法，述說大乘、小乘綜合之禪觀。

本經共二卷，姚秦．弘始四年（公元四〇二）由鳩摩羅什於長安譯出。本經又稱為《坐禪三昧法門經》、《阿蘭若習禪法》、《菩薩禪法經》、《禪法要》、《禪經》，收在《大正藏》第十五冊。

本經上卷初列四十三偈，說明欲度脫生死輪迴，必須修學禪法，次分治貪欲、治瞋恚、治愚癡、治思覺、治等分法門，主張應分別修不淨觀、慈心觀、因緣觀、數息觀、念佛觀等五門禪法。下卷記載四禪、五通、四念處、四善根及入見道的次第，闡明菩薩的習禪法，末尾則舉二十偈，為修禪者的實際心得。

中國佛教初期的禪觀，都是以小乘禪觀為主，一直到本經譯出之後，大乘佛教和小乘禪，乃至大乘禪和小乘禪的關係才告明確，也促成了天台止觀的成立及中國禪宗的誕生。

觀無量壽經

《觀無量壽經》（梵 Amitāyur-dhyāna-sūtra），本經是佛陀，應韋提希夫人之請，開演修三福、十六觀等往生淨土之法的經典，與《無量壽經》、《阿彌陀經》並稱為「淨土三部經」，皆為淨土宗寶典。

本經共一卷，劉宋．畺良耶舍譯。又稱《觀無量壽佛經》、《無量壽佛觀經》、《無量壽觀經》或《十六觀經》，簡稱《觀經》。收在《大正藏》第十二冊。

全經內容是說佛在王舍城耆闍崛山中時，城中太子阿闍世受惡友之教唆，將其父頻婆娑羅王幽禁於七重室內，欲使餓死。然其父得韋提希夫人密以酥蜜等物供給故未死。阿闍世聞訊大怒，乃欲殺害其母韋提希。

後經大臣月光及耆婆之諫止，遂將其母幽禁深宮。時韋提希愁憂憔悴，遙向耆闍崛山，為佛作禮，祈求往生淨土。佛陀察知其心念，遂現身宮中，示現西方極樂淨土，並說三福十六觀等往生淨土之法。時韋提希聞法之後悟入無生忍，其

極樂世界十六觀圖．敦煌

五百侍女亦發無上道心，願生彼國。

十六觀是指極樂世界的十六種景觀：(1)日想觀、(2)水想觀、(3)地想觀、(4)寶樹觀、(5)寶池觀、(6)寶樓觀、(7)華座觀、(8)像想觀、(9)阿彌陀佛觀、(10)觀世音觀、(11)大勢至觀、(12)普觀、(13)雜想觀、(14)上輩生想觀、(15)中輩生想觀、(16)下輩生想觀。其中以第九阿彌陀佛觀最為重要，經題即依此而立。

修行道地經

《修行道地經》（梵 Yoga-carya-bhūmi-sūtra），本經是纂集諸經所說瑜伽觀行之要義而成。

全文共七卷，為印度・僧伽羅剎所作，西晉・竺法護譯。又稱作《修行經》，收在《大正藏》第十五冊，異譯本有後漢・安世高譯《道地經》一卷、後漢・支曜譯《小道地經》一卷等。本經撰者僧伽羅剎，於佛滅後七百年生於印度須賴國。後入乾陀羅國，迦尼色迦王曾以師禮待之。

概觀本經之內容，其特色在敘述菩薩禪之後三品中的大乘思想。如《法華經》一般，並列三乘道，對比小乘而言大乘。但是，除此部分外，全部敘述屬於小乘教義之禪觀。其中應注意的是〈分別相品〉之眾生十九輩之說，並列舉有五種禪觀。最特別的是〈數息品第二十三〉，力說凡夫禪與佛弟子禪之區別，其它的禪經雖亦有說述得四禪、五通、生天之果為凡夫有漏之禪，但是很少有如本經，傾力於說明與佛弟子禪之差異，此為本經極大特色。

大集經

《大集經》（梵 Mahā-saṃnipāta-sūtra）為大乘五大部經之一，即大集部經典的總集。

本經全稱《大方等大集經》，共三十卷，為北涼・曇無讖所譯，收於《大正藏》第十三冊。「大集」經名含有二義：⑴「大眾會集」義，如本經云「諸大菩薩悉來大集」（〈瓔珞品〉）。⑵「諸法聚集」義，又如經云「此經名為真實法義（中略）無量寶聚」（〈寶女品〉）等。

《大集經》的漢譯本，據《歷代三寶紀》說前後有三譯，現僅存北涼・曇無讖譯同名經三十卷，或作二十七卷，或二十九卷，或三十一卷，或四十卷。其中一、二兩譯均佚，第三譯存。

此經的內容，廣說大乘法義，而以中觀實相為其宗旨。經中重重地講說了許多大乘修行法門，而均以般若性空的思想加以貫串，一方面並演說禪法，又敘述了一些故事因緣，因之此經可稱為大乘方廣部經的匯集。中國天台宗的著述中，採用了此經的不少名相和教義。

此經的另一特點是有相當多的密教色彩，如〈陀羅尼自在王品〉、〈寶幢分・陀羅尼品〉、〈日密分・陀羅尼品〉，以及經中隨處散見的陀羅尼咺等，顯見此經在中觀論的基礎上，羼入有初期密部的行法。

又此經中還反映了古代印巴次大陸有關醫學方面胎兒次第成長的知識，如〈虛空目分・聖目品〉述十二緣起中，敘說胎兒生長發育的逐步詳細過程，以及它的各種名稱及形象。

由於《大集經》是具有「大集」意義的經典的纂集，在曇無讖初譯時即以包含十幾部經的面貌出現，其後闍那崛多所云梵本有十萬偈，也只是一項傳說，內容極不明確，致使此土學人以意推測，構成了多種廣略不同的本子。

此經在藏文譯本中，並沒有整部的《大集》部經，而只有〈瓔珞〉合〈陀羅尼自在王〉等各品，及〈日藏分〉、〈須彌藏分〉的別行譯本。又近世新疆地方也發現有相當於此經〈寶幢分・往古品〉的一部分梵文斷片。

藥師如來本願經

《藥師如來本願功德經》，全稱《藥師琉璃光如來本願功德經》（梵 Bhagavān-bhaiṣajyaguru-vaidūryaprabhasya pūrvapraṇi-dhāna-viśeṣa-vistrara）內容主要在敘說藥師如來之本願及其功德。

本經又稱《藥師如來本願功德經》、《藥師經》，共一卷，為唐・玄奘所譯，收在《大正藏》第十四冊。

藥師如來，通稱為藥師琉璃光如來，簡稱藥師佛。藥師琉璃光如來名號的來源，是以其能拔除眾生生死之病，名為藥師；能照破三有之黑闇，故名琉璃光。藥師佛現身為東方琉琉世界的教，導著日光遍照與月光遍照二大菩薩等眷屬，化導眾生。

藥師如來的十二大願滿足眾生世間、出世間的諸般願求。在出世間上，藥師佛發願在成就菩提時「令一切有情如我無異」、「令遊履菩提正路」等。而在世間上則有「使眾生飽滿所而無令少」、「使一切不具者諸根完具」、「除一切眾生眾病，令身心安樂」、「使眾生解脫惡王劫賊等橫難」等願。這些誓願基本上，雖然也在促使眾生早證菩提，但另一方面也著重於為眾生求得現世的安樂。

本經卷首敘述佛在廣嚴城樂音樹下，對曼殊室利敘說藥師如來之十二大願，並說藥師如來之淨土是在過東方十殑伽沙等佛土之淨琉璃世界，其功德莊嚴如西方極樂世界。若墮惡道者，聞此如來名號，則得生人間。又，願生西方極樂世界而心未定者，若聞此如來之名號，則命終時將有八大菩薩乘空而來，示其道徑，使其往生彼國。

其次，經文又敘述救脫菩薩對阿難說續命幡燈之法。若遭逢人眾疾疫、他國侵逼、自界叛逆、星宿變怪、日月薄蝕、非時風雨、過時不雨等各種災難時，如果能供養藥師如來，則國界得以安穩，自身可免於九種橫死等。

本經除玄奘譯本外，另有四漢譯本，即：(1)東晉·帛尸梨蜜多羅譯，名為《拔除過罪生死得度經》；(2)劉宋·慧簡譯，名為《藥師琉璃光經》；(3)隋·達摩笈多譯，名為《藥師如來本願經》；(4)唐·義淨譯，名為《藥師琉璃光七佛本功德經》。

盂蘭盆經

《盂蘭盆經》（梵 Ullambana-sūtra），本經敘述目犍連尊者地獄救母的故事，被喻為佛教的孝經，每年農曆七月十五日佛教重要的盂蘭盆法會就是依此經而來。

本經由西晉．竺法護所譯，長共一卷，收於《大正藏》第十六冊。內容記載目犍連尊者於定中以天眼通觀察，見其母墮餓鬼道受苦，雖欲救拔，盡神通力卻無法如願，乃就教於佛陀。佛陀教其於七月十五日，僧眾結夏安居結束之眾僧自恣日，具備百味飲食、五果、香油等供養十方大德眾僧。由於經過結夏安居期間的專修，得證聖果的僧人特別多，以此供養功德之力，即能救拔其母出離苦難。

本經全文八百餘字，其同本異譯經，有東晉失譯的《佛說報恩奉盆經》一卷，及載於《開元釋教錄》卷十八〈疑惑再詳錄〉中的《淨土盂蘭盆經》一卷，前者收於《大正藏》第十六冊，後者已佚，但《法苑珠林》卷六十二曾引用其文。

如來藏經

《如來藏經》，全名《大方等如來藏經》，以解說如來藏即佛性為主旨。

本經為東晉天竺三藏佛陀跋陀羅所譯，又稱為《如來藏經》為唐不空所譯，收於大正藏第十六冊。

「如來藏」即佛性的異名，眾生心雖處於諸煩惱中，佛性卻不會被污染，不管佛陀出世不出世，它是常住不變、法爾自然的存在。然而，如來藏為煩惱垢所覆蓋故，眾生不知它的存在，而耽溺於五欲，輪迴生死苦海。此處，諸佛出世為眾生說法，令其破煩惱殼，顯示內在的如來藏。

在本經中，佛陀因金剛慧菩薩的發問，故為說如來藏，謂法性法界一切有情的如來藏常恒不變，並以蜜房、穀物、糞中金磚、貧家伏藏、樹木種子、穢帛佛像、醜女胎兒、泥模中的金像等譬喻，說明如來藏的存在。

解深密經

《解深密經》（梵 Saṃdhi-nirmocana-sūtra），是唯識的根本要典，解釋大乘境、行、果的深義。

本經共有五卷，為唐．玄奘所譯，收於大正藏第十六冊。相傳此經梵文廣本有十萬頌，今譯是其略本，為一千五百頌，譯文分八品。在唐譯以前，此經曾經譯過三次，此外還有西藏譯本，及譯自藏譯的法譯本。

「解深密」是梵文 Saṃdhi-nirmocana（刪地涅謨折那）的議譯。據圓測《解深密經疏》、智周《成唯識論演祕》（卷三末）、道倫《瑜珈師地論記》（卷二十上）都說「刪地」有諸物相續、骨節相連、深密等意義，而「涅謨折那」是解之義。所以各種譯本的標題中，即各取其中的一義，而以唐譯的「解深密」最為恰當。

本經一共有八品：第一〈序品〉是序分，第二〈勝義諦相〉以下七品是正宗分。又正宗七品中，可攝為三類：初四品明所觀境，次二品辨能觀行，後一品顯所得果。

在正宗分七品中，前四品為理論，後三品為實踐。而理論之中，〈勝義諦相品第二〉是明萬有之實性，〈心意識相品第三〉至〈無自性相品第五〉是明萬有之現象。實踐之中，〈分別瑜伽品第六〉是其方法，〈地波羅蜜多品第七〉是其行位。以此二品為根源，示應到達之果者為〈如來成所作事品第八〉。整部經組織之井然，理路之明晰為其他經典所少見。尤其是對於止觀的說明極為詳細。

本經正宗七品的全文在《瑜伽師地論》中被整篇引用，而《成唯識論》也一再引用此經，因而顯示本經在印度是瑜伽 行者的根本要典。此經漢譯之後，慈恩宗更依此經的〈無自性相品〉，分別判釋迦如來的一代教法，為有、空、中道三時教，並依此經的〈心意識相品〉及〈一切法相品〉文以三性說及唯識說為此宗的根本教義。

大乘密嚴經

《大乘密嚴經》（梵 Ghanavyūha-sūtra），本經旨在闡明如來藏、阿賴耶識的義理，並廣說密嚴淨土的相狀。

本經簡稱《密嚴經》，共有三卷，漢譯本共有二種譯本，一為唐．地婆訶羅（日照）譯，因密為唐．不空所譯，二者皆收於大正藏第十六冊。現在的通行本則以日照譯本為主。

全經共分八品，內容敘述佛在超越三界的密嚴國土上昇座說法，金剛藏菩薩請示第一義法性，佛以如來藏的不生不滅作答。其次，金剛藏菩薩對如實見菩薩、螺髻梵天王等解說如來藏、阿賴耶識等大乘法相。最後說明如來藏即阿賴耶識、即密嚴的理由。

西藏也有本經的譯本，稱之為《聖厚莊嚴大乘經》，其品目為四卷九品，與漢譯本略有不同。註疏有法藏《密嚴經疏》四卷（缺第一卷）、日僧覺鑁《密嚴淨土略觀》一卷等。

楞伽經

《楞伽經》（梵名為 Arya-saddharma-la n kavataranama mahayana-sutra），為印度佛教法相唯識系與如來藏系的重要經典，內容闡述「諸法皆幻」之旨趣。禪宗的初祖達磨祖師即是以此經授予弟子來印心。

本經漢譯全名為《楞伽阿跋多羅寶經》，全文共四卷，收於大正藏第十六冊。「楞伽阿跋多羅」即「入楞伽（Lanka）」之意，所以魏菩提留支把它譯作《入楞伽經》，梵名意義為「含佛教神聖正統教義的楞伽阿跋多羅大乘經典」，本經中提及釋尊至楞伽，並於此地說法。

「楞伽」，通常被視同於錫蘭島，但譯經者有時說是「楞伽山」，或說是摩羅耶山頂之「楞伽城」，所以「楞伽」到底是山名或城名，並不太確定。然而，若依菩提留支譯的《入楞伽經》所述，世尊於大海之龍宮說法七日後，往至南岸，遙望摩羅耶山的楞伽城之後，就離開龍宮，渡海而入彼城。由此可知，世尊是在印度大陸之外的一座孤島中講法。而在經中說，統治楞伽者為十頭羅剎羅婆那。

在三種漢譯本中，實叉難陀的譯本與梵本比較接近，而求那跋陀羅的譯本則最能表現此經的原始形態，流行也最廣。

《楞伽經》對中國佛教影響頗大，據說祖宗祖師菩提達磨嘗以四卷《楞伽經》授予慧可，並說：「我觀漢地，唯有此經，仁者依行，自得度世。」慧可對此經進行自由闡發。慧可門徒亦持此經，遊行村落，不入都邑，行頭陀行，主張「專唯念慧，不在話言」，實行以「忘言、忘念、無得正觀」為宗旨的禪法，遂漸形成獨立的派別，而被稱為「楞伽師」，並成為以後禪宗的先驅者。

圓覺經

《圓覺經》在禪宗的傳承中，是十分重要的一本經典，禪宗與華嚴宗的祖師圭峰宗密就是閱讀此經開悟的。

本經全名為《大方廣圓覺修多羅了義經》，又作《大方廣圓覺經》、《圓覺修多羅了義經》、《圓覺了義經》，古來多將此經略為《圓覺修多羅了義經》或《圓覺經》。本經共一卷，為唐．罽賓沙門佛陀所譯，收在《大正藏》第十七冊，是唐、宋、明以來賢首宗、天台宗、禪宗等各宗盛行講習的經典。

《圓覺經》的經文很短，只有一卷，但其義理卻相當的豐富。圭峰宗密因讀此經而開悟，因此他還為此經寫了一些很重要的注疏，對《圓覺經》的流佈有著重要的影響。其著有《圓覺經大抄》和《圓覺經大疏》，這些都是《圓覺經》權威性的注釋。關於修持方面，他亦著有《圓覺經道場修證語錄》可供大家研究。

有關本經的譯者及翻譯年代，自來認為是長壽二年（西元六九三年）由佛陀多羅（覺救）所譯。但因缺乏明確的史料記載，不易決定是否確實，因此有人就認為本經實際上是中國人所作，而非由印度傳來。

以下簡單介紹《圓覺經》各品的內容：

序分述說佛入「神通大光明藏三昧」，於圓滿的不二境界中，現諸淨土，諸大菩薩與其眷屬，入於三昧，同住如來的平等法會。

〈文殊章〉演說如來因地法即是圓覺實相，開顯本有圓照清淨覺相，即知自性圓滿，永斷無明，成就佛道。

〈普賢章〉演說菩薩如幻三昧，一切眾生之種種幻化，皆生於如來圓覺妙心，宛如空華，從空而有；空華雖滅空性不壞。而依幻說覺或無覺，尚未離幻。只有知幻即離，不作方便；離幻即覺，無有漸次，即能永離諸幻。

〈普眼章〉演說實際修持的方法次第，以奢摩他如理作觀身心幻相，如是修持，一切清淨，圓覺普照，寂滅不二。由此得證一切眾生，本來成佛。

〈金剛藏章〉佛陀解答無明的生起，一切循迴往復，種種取捨，都是輪迴。輪迴宛如空華，空華滅時，不能說虛空何時會更起空華，因為空本無華。圓覺的本性，宛如在銷金礦，金並非由銷而有，是本來具足，如果成金之後，就不再為礦了。〈彌勒章〉演說一切眾生由於恩愛貪欲而起輪迴，更脫離生死，免諸輪迴，應先斷貪欲。

〈清淨慧章〉演說圓滿菩提覺性中，本來無取無證，但以眾生迷惑，未能除滅一切幻化，便現起差別。因此而立修證階位：分別為凡夫隨順覺性、菩薩未入地者隨順覺性、菩薩已入地者隨順覺性、如來隨順覺性等。

〈威德自在章〉以眾生三性差別，而有三種修行禪法，即奢摩他、三摩鉢提及禪那。三種法門皆是隨順覺性，十方如來，因而成道。〈辯音章〉依前三種觀門，更細分別而有二十五種清淨定輪的修持。此中三種觀門或單修或配合，總有二十五輪。〈淨諸業障章〉謂一切眾生，無始以來執著我、人、眾生、壽命，認四顛倒為實我，明此為根本我執的妄想執著。〈普覺章〉言末世眾生欲發大心求善知識，當求正知見。所證妙法，當遠離作、止、任、滅四病。

〈圓覺章〉說明修行者安居修持的方法，立長期、中期、下期三種期限，又開示在道場中修持奢摩他、三摩鉢提、禪那之漸次修持方法。

流通分即說明本經的經名及宣說、書寫、修持之功德。

第三章 密教經典

真言密教早在原始佛教中就存在，只是當時只是單純的各種真言密咒，屬於附帶的修法，並沒有成為具有組織的密法修證體系。

大約在公元六世紀左右，印度的佛教產生了極大的變化，密教也在此時期成為佛教的主流。密教行者認為大乘佛法需歷經長久時間才能成佛，是迂迴之道，他們認為應該有更直接、更迅疾的方便，疾速圓滿究竟果位。以此觀點而發展出依果位來修證的秘密之教，而稱之為「密教」。

這樣的思惟，使佛教修行者在修證的方向上產生了很大的轉捩點，直接以佛菩薩清淨的行動（身）、語言（語）、思惟（意）三密，直接來淨化修行者身、語、意三業，迅疾證入究竟佛果。

三者來與本尊相應的修法和儀軌——手結印契是身密，口誦真言是語密，內心觀想象徵佛的種子字是意密。行者依據這三者來與佛菩薩清淨圓滿的身心相應，圓滿成就。

密教弘傳於世間，有其思想所依的經典，由於其系統龐大，所開出的經典法門也很多，其中尤以傳到中國和日本、西藏的密教最為明顯。以下介紹密教的重要經典。

大日經

《大日經》（梵 Mahā-vairocanâbhisambodhi-vikur-vitâdhiṣṭhāna-vaipulya-sūtrêndra-rāja-nāma-dharmaparyāya），本經為密教根本經典之一，與《金剛頂經》同為真言密教的聖典，特別是中國密教與日本真言宗最主要聖典。

本經詳稱《大毘盧遮那成佛神變加持經》，略稱為《大毘盧遮那成佛經》、《大毘盧遮那經》，「大毘盧遮那」，意為「大日」，本經為唐・善無畏、一行等譯，係大日如來在金剛法界宮為金剛手秘密主等所說。全經七卷，共分三十六品，前六卷三十一品為全經的主體，開示大悲胎藏曼荼羅，後一卷五品揭示供養法。

本經的〈住心品第一〉主要講述密教的基本教相，理論方面的敘述佔大部分；第二〈具緣品〉以下則以有關曼荼羅、灌頂、護摩、印契、真言等實際修法方面的記述為主。本經所開示的主旨在「菩提心為因，大悲為根，方便為究竟」的大悲胎藏曼荼羅。又說菩提即是如實知自心，眾生自心即一切智，須如實觀察，了了證知。

《大日經》在中國與印度的密教中，其重要性並沒有很明確的看法，然而此經傳到日本後，即一躍而成為最高地位的密教經典。在東密中，《金剛頂經》與《大日經》並沒有輕重之別，皆被視為最崇高的經典。《金剛頂經》是詮釋的「智」，《大日經》是明示的「理」，而此理、智是表裡如一，不可分別的。

台密中的《金剛頂經》與《大日經》，在智、理之配列上雖有些相同，但認為理是為理，智是為智，二者是各自獨立存在。天台密宗的《蘇悉地經》是詮釋理智融合不二深入探討的經典；以上三經被尊為「密教三部經」。

金剛頂經

《金剛頂經》（梵 Vajraśekhara-sarvatathāgata-satya-saṅgraha-mahāyanā-pratyutpannābhisambuddha-mahā-tantrarāja-sūtra），本經闡述密教金剛界法門之經典，與《大日經》並稱為密教兩部大經。

本經全名《金剛頂一切如來真實攝大乘現證大教王經》略稱《金剛頂大教王經》、《金剛頂經》。或單稱《三卷教王經》、《教王經》，由唐．不空所譯，共三卷，收在《大正藏》第十八冊。

本經原藏於南天竺的鐵塔內，由龍樹菩薩入塔內從金剛薩埵蒙受此經，凡有十萬頌。後由龍樹傳門人龍智，再傳金剛智三藏。金剛智東渡時，在途中遇暴風侵襲，其經大半流失，所以現今翻譯流傳者僅是其中之一小部份。

古來相傳此經有四本，一是法爾恆說本，即大日如來智法身常恒說法不斷之經典。二是塔內安置本，即無量頌廣本，係金剛薩埵蒙如來之教敕，將恒常本循諸經樣式，加入五成就而成之經典，置於南天竺鐵塔內待機緣而傳。三是十萬頌廣本，即龍猛菩薩從金剛薩埵所授的十萬頌本（十八會）。四是四千頌略本，即十萬頌之中的四千頌略本（八十會中之初會），今所傳譯者即屬此本。

⊙金剛頂經的十八會

金剛界所結集的經，總計十萬頌，共十八會。

其中，初會有四大品，即〈金剛界品〉、〈降三世品〉、〈遍調伏品〉、〈一切義成品〉。不空所譯《金剛頂一切如來真實攝大乘現證大教王經》三卷即是〈金剛界品〉之譯本。此雖僅是十八會中的一小部分，但因譯文完備而受重視。內容略述金剛界如來入金剛三摩地、出生金剛界三十七尊、禮讚如來、建立金剛界大曼荼羅之儀則、引弟子入曼荼羅之法，及羯磨曼荼羅、三昧耶曼荼羅、法曼荼羅等。

此外，現今所流傳的略本，另有唐．金剛智譯《金剛頂瑜伽中略出念誦經》四卷，係十八會中初會之摘略，宋．施護譯《一切如來真實攝大乘現證三昧大教王經》三十卷，係十八會中初會之全譯本。二者內容雖有廣略之別，但應為同本異譯。又，其它屬於金剛界之經典，也有被稱為《金剛頂經》者，如《十住心論》卷十引《金剛峰樓閣一切瑜伽瑜祇經》，《秘藏寶鑰》卷下引《一字頂輪王儀軌》時，皆用《金剛頂經》一名。「金剛峰」與「金剛頂」同源異譯，均指金剛杵的尖端。

本經之註釋除上述《十八會指歸》一卷外，另有《金剛頂經大瑜伽秘密心地法門義訣》一卷、《金剛頂經疏》七卷、《金剛頂經開題》一卷、《教王經義記》三卷、《教王經解題》五卷等。

金光明經

《金光明經》（梵 Suvarṇa-prabhāsa），自古以來在尼泊爾被視為九部大經之一，並在此發現了梵本。

本經全名為《金光明最勝王經》，在此經整部譯出以前，西晉．竺法護早就有《菩薩十地經》的翻譯，其內著和本經的〈最淨地陀羅尼品〉相同，它的異譯本是鳩摩羅什所譯《莊嚴菩提心經》。

最後，武周．長安三年（七〇三）義淨譯出《金光明最勝王經》十卷，三十一品。這一譯本品目義理最為完備，譯文華質得中，慈恩宗慧沼曾據以註疏宏揚，乃至成為通行的本子。後來，法成曾依義淨譯本重翻為西藏文本。

義淨譯本全經分為三十一品，內容依義理區分，初〈初品〉為序分，次九品屬於正宗分，其餘二十一品是流通分。又正宗分九品中的義理分類，初二品明果，次五品明行，後二品明境。

從正宗分以下有二十一品，廣說諸天護世、增財、益辨、除災、顯經利益、

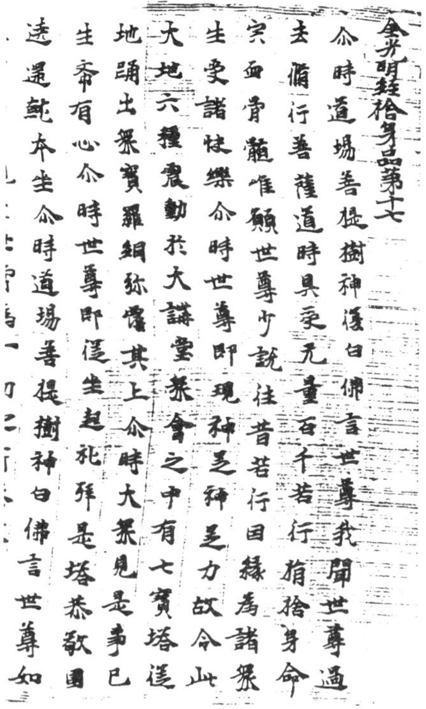
金光明經捨身品第十七
尒時道場菩提樹神復白佛言世尊我聞世尊過
去脩行菩薩道時具受无量百千苦行捐捨身命
宍血骨髓唯願世尊少說往昔苦行因緣為諸眾
生受諸快樂尒時世尊即現神足神足力故令此
大地六種震動於大講堂眾會之中有七寶塔從
地踊出眾寶羅網弥覆其上尒時大眾見是事已
生希有心尒時世尊即從坐起禮拜是塔恭敬圍
遶還就本坐尒時道場菩提樹神白佛言世尊如

金光明經寫本・敦煌

授記、除疑等，並說明往因苦行，末後菩薩同讚以及如來付囑，皆屬於流通分。在這些品目中，比起涼譯略本來，增補了很多陀羅尼，因此如西藏文大藏經將文經列入秘密品。

又這些品裡所說的懺悔罪惡方法，諸天護國思想，王法正理的論議，流水長者的放生行事等，後來都成為佛教中一般流行的傳說和信仰行儀，因而使本經流行更廣。〈除病品〉介紹了一些醫學理論，也成為中國古代對於印度醫學知識的重要泉源。

本經的重要義理，像關於三身十地等說，真諦在翻譯之時已經流行，所以他很重視本經，特加註疏，由他的弟子慧曠再傳天台智顗。到了宋代天台家對於此經更有發揮。敦煌石窟中也發現有《懺悔滅罪金光明經冥報傳》，是記載持誦《金光明經》的感應事蹟。由以上可知這部經流傳的廣泛。

諸佛境界攝眞實經

《諸佛境界攝真實經》，為《金剛頂經》大本十八會中初會經文的全譯本，為密宗要典。

本經全稱《一切如來真實攝大乘現證三昧大教王經》，略稱《現證三昧大教王經》，又稱《三十卷大教王經》、《宋譯教王經》，為宋．施護所譯，共三十卷，收在《大正藏》第十八冊。《金剛頂經》的大本原有十萬偈十八會，但目前所看到的《金剛頂經》是十八會中的初會，只有四千偈；據《金剛頂經瑜伽十八會指歸》所述，初會名一切如來真實攝教王，由〈金剛界〉、〈降三世〉、〈遍調伏〉、〈一切義成就〉等四大品所組成。

《攝真實經》敘述佛蒙一切如來之加持，修五相觀，在菩提道場成正覺，登忉利天種種說法，遂再於菩薩道場，隨順方便而轉法輪，《華嚴經》則簡說佛從人界上生天界，再下降人界，垂示佛法。亦即佛不離樹下成道之座，而於附近的普光明殿說法，又顯示佛的神通力，於忉利、夜摩天轉法，最後在普光明殿說示

金剛頂瑜伽中略出念誦經

《金剛頂瑜伽中略出念誦經》為東密入壇灌頂作法之主要依據經典，與《金剛頂一切如來真實攝入大乘現證大教王經》同為真言密宗的重要典籍。

本經是由十萬頌（廣本）的《金剛頂經》中略出瑜伽秘要而成，又稱《金剛頂略出念誦經》、《略出念誦經》、《略出經》，由唐．金剛智所譯，共四卷，收在《大正藏》第十八冊。

在本經第一卷中，金剛智三藏言：「我今於百千頌中，金剛頂大瑜伽王中，爲修瑜伽者，成就瑜伽法故。略說一切如來所攝眞實最勝秘密之法」。經文中所謂金剛頂大瑜伽教王，是指十萬頌廣本。《金剛頂經》共十八會，將其第一會所說略攝譯出者，即為本經。

其次關於本經所明示之諸作法，東密於入壇灌頂受法時所使用的三卷式中，金剛界傳法灌頂的根據即為此經。能橫跨金胎兩部詳細說明其灌頂作法者，諸經之中幾無能出此經之右者。所以，要成為密教大阿闍梨的真言行者，定要精讀本經，而且真正地理解經意。

本書分為序分及正宗分二部份。各卷內容略如下列：卷一首揭歸敬序，次明受法者之資格、對入壇者之慰諭、作壇場所之選定、阿闍梨之所作及入三摩地法（諸作法、道場觀、三十七尊出生等）。卷二明五相成身觀及灌頂。卷三述作曼荼羅法、諸作法及三十七尊、一切成就三摩耶契法，以及總供養等。卷四述讚頌、念誦、別供養、入壇受法（受法者之希願、阿闍梨之慰諭，乃至灌頂等），以及護摩（護摩壇及爐、供物、護摩木、諸作法及慰諭等）。

本書對於灌頂等作法有特別詳細的說明，故本書為東密入壇灌頂作法之依據。其註釋有不空《金剛頂王經義訣》一卷及賢寶《略出經釋》一卷等。

理趣經

《理趣經》（梵 Prajñā-pāramitā-naya-śatapañcā-śatikā），本經是特受日本密教界所尊崇的密教經軌之一。

本經又作《大樂金剛不空真實三昧耶經》、《大樂金剛不空真實三摩地耶經般若波羅蜜多理趣品》、《金剛頂瑜伽般若理趣經》、《不空真實三摩耶般若理趣經》，略稱《般若理趣經》或《理趣經》，為唐．不空所譯，共一卷，收在《大正藏》第八冊。「大樂金剛不空」，為金剛薩埵之異名，表示薩埵自證的大樂化他之大喜，猶如金剛的堅固無間斷，「三摩耶」，為本誓之義。

在日本密教之修持過程中，不僅金剛界曼荼羅設有理趣會，舉凡迴向、諸願成就及例行法會時皆常誦持。全經內容在說明般若理趣清淨之理，與金剛薩埵所說真實不妄之本誓。「理趣」者，道理旨趣之意。「金剛薩埵」則象徵大日如來之因位、眾生本具佛性之始發。

今之《理趣經》於本文前有勸請頌、經題、譯者名。本文有序說、正宗、流通三分。正宗分共分十七段，依序說明大樂法門、證悟、降伏、觀照、富、實動、字輪、入大輪、供養、忿怒等十七法門，蘊含密教即身成佛之深義。

本經的異譯本有五：(1)《大般若經》中之第十會般若理趣分，一卷，唐代玄奘譯。(2)《實相般若波羅蜜經》，一卷，唐代菩提流志譯。(3)《金剛頂瑜伽理趣般若經》，一卷，唐代金剛智譯。(4)《遍照般若波羅蜜經》，一卷，宋代施護譯。(5)《最上根本金剛不空三昧大教王經》，七卷，宋代法賢譯。此外，另有梵本、藏本、日譯本等多種。本經註疏甚多，較著名的有不空的《理趣釋》一卷、《十七尊義述》一卷、空海的《理趣經文句》一卷等。

大悲空智經

《大悲空智經》（梵 Mahātantra-rāja-māyākalpa），為藏密無上瑜伽秘密部經典中疾速成佛的法門。

本經全名《大悲空智金剛大教王儀軌經》，又稱《大悲空智金剛經》、《喜金剛本續王》、《喜金剛本續》，印度、西藏註釋家稱為《二儀軌》（Dvikalpa）。「空智」是指大悲空智，本旨在敘述空智金剛出生的意義，為宋·法護所譯，共五卷，收在《大正藏》第十八冊。

本經係世尊為金剛藏菩薩所說，內容主要在敘述雙修（雙運）法，及其他無上瑜伽某些法門。西藏將密教經典分為四部：事部、行部、瑜伽部、無上瑜伽部，稱為「四秘密部」，《大悲空智經》就屬於無上瑜伽秘密部經典中成佛的疾速法門。

本經屬四種怛特羅中的無上瑜伽部（Anuttarayoga），為般若或瑜伽母本續之代表，在印度及西藏頗受尊崇，修持此法者認為，若正確理解此本續（怛特羅）

所說之深義，並依法修持，則能迅速成佛。但是，由於內容涉及男女雙修，與中國國情不合，且譯筆隱晦，不易理解。因此在中國佛教界並不流行。

本經中純密教思想的發達是在純密成立之後，以空行母之觀想最上最易解脫法。在西藏此類典被置於密教中最高的地位，即無上瑜伽部秘密經典。

佛說一切如來金剛三業最上秘密大教王經

《佛說一切如來金剛三業最上秘密大教王經》，略稱《七卷教王經》、《金剛三業經》、《祕密大教王經》，全經主要內容敘述無上瑜伽部的雙修（雙運）法。

本經共七卷，由宋・施護所譯，收在《大正藏》第十八冊。在金剛乘所說的事部、行部、瑜伽部、無上瑜伽等四部密續中，本經屬於無上瑜伽部。內容包含自〈安住一切如來三摩地大曼拏羅分〉至〈宣說一切祕密行金剛加持分〉之十八分。

關於本經說法處在《金剛頂經瑜伽十八會指歸》中記載：「第十五會名祕密集會瑜伽，於祕密處說，所謂喻師婆伽處說，號般若波羅蜜宮。此中說教法、壇、印契、真言、住禁戒似如世間貪染相應語，會中除蓋障菩薩等，從座起禮佛白言：『世尊大人不應出麤言雜染相應語。』佛言：『汝等清淨相應語，有何相狀？我之此語，加持文字，應化緣方便語，引入佛道，亦無相狀，成大利益，汝等不應生疑。』從此廣說三摩地，諸菩薩各各說四種曼荼羅四印。」其中，說法處稱為喻師婆伽處，或祕密處。

曇寂解釋《大悲空智金剛大教王經》：「大悲為定，以蓮花喻之，空智無慧，以金剛喻之；所謂祕密，即定慧、金剛二者相合，世尊說祕密法，住此喻施婆倪，入於三摩地。」不空譯之三卷《教王經》卷下云：「次當說祕密成就，於婆伽入身，女人或丈夫一切想入已，彼身令遍舒。」

又，《般若波羅蜜多理趣釋》卷下觀自在菩薩之段中言：「以自金剛與彼蓮華，二禮（體）和合成為定慧，是故瑜伽廣品中，密意說二根交會五塵成大佛事。以此三摩地奉獻一切如來。亦能從妄心所起雜染速滅，疾證本性清淨法門。」二根交會，代表貪染相應，或是代表定慧不二，即是祕密。依此得成大佛事，住此三摩地，能滅由妄心所生起的一切雜染，開發本性清淨的佛心，是成就金剛薩埵身，此大佛事，乃現法樂住則定慧二根相合所生之妙樂，稱金剛薩埵大貪染三昧。

本經建立金剛部、寶部、蓮華部、三昧部、佛部之五部：「五部是為甚深之祕密法門，是即為五種祕密之解脫成就。」金剛部主為阿閦金剛如來，坐於大毘盧遮那金剛如來之東方。寶部主為寶生金剛如來，坐於毘盧遮那南方。蓮花部主為無量壽金剛如來，坐於毘盧遮那西方。三昧部主為不空成就金剛如來，坐於毘盧遮那北方。佛部主為大毘盧遮那金剛如來，坐於中央。此即五部主尊。

本經所說身語心三業，與如來相應而出生一切法，及涅槃界可謂教理之中心，自由中觀之空思想。而如來的三密（三祕密）皆住於眾生的菩提心中。此菩提心是為無性、無所得。

與本經同屬一流派的諸經有《無上等最上瑜伽大教王經》、《一切祕密最上名義大教王儀軌》、《一切如來大祕密王未曾有最上微妙大曼拏羅經》、《瑜伽大教王經》、《幻化網大瑜伽教十忿怒明王大明觀想儀軌經》、《大悲空智金剛大教王儀軌經》等。

孔雀明王經

《孔雀明王經》，詳名《佛母大金耀孔雀明王經》，又稱《佛母大孔雀明王經》、《大孔雀明王經》為唐．不空所譯，共三卷，收在《大正藏》第十九冊。

內容敘述佛住逝多林給孤獨園時，有一苾芻，被大黑毒蛇所咬傷，毒氣遍身，悶絕於地，阿難看了，急速往佛所，求佛慈悲救護。佛就教阿難念誦「摩訶摩瑜利佛母明王大陀羅尼」救之，並宣說藉此陀羅尼能遠離一切恐怖，獲福慧等功德。卷首有序文、讀誦佛母大孔雀明王經前啟請法。

依此經所記載，持誦此經有止雨、祈雨、消災等功效。經中說：「若天旱時及雨澇時，讀誦此經，諸龍歡喜；若滯雨即晴，若亢旱必雨，令彼求者隨意滿足。（中略）此佛母大孔雀明王纔憶念者，能除恐怖、怨敵、一切厄難，何況具足讀誦受持，必獲安樂。」

本經異譯本有《孔雀王經》二卷（梁．僧伽婆羅譯）、《佛說大孔雀王經》

三卷（唐・義淨譯）、《大金色孔雀王經》一卷（失譯）、《佛說大金色孔雀王經》一卷（失譯）及《孔雀王經》一卷（姚秦・鳩摩羅什譯）等五本，皆收在《大正藏》第十九冊。又，日僧觀靜所撰的《孔雀經音義》，為本經的註釋書。

此外，密教修法中，有為息災而以孔雀明王為本尊而修者，稱為「孔雀明王經法」，又稱「孔雀經法」，為密教四大法之一，也是依據本經而修之法。

第四章　戒律聖典

戒律是「戒」與「律」的併稱，戒，梵語「尸羅」，指防非止惡的戒法。律，梵語「優婆羅叉」，或「毗尼」，指生活上的規律。

律（梵 vinaya）是指佛所制定有關比丘、比丘尼應遵守的禁戒，也就是修行團體共住的規範。音譯毗奈耶、毗那耶、毗尼耶、鼻奈耶等；意譯為調伏、滅、離行、化度、善治、志真。

「戒」指內心自發性地持守規律，屬於精神的、自律的。然而戒與律並非分離而行，而是平行地共同維持教團之秩序。「律」指為維持教團秩序而規定的種種規律條項及違犯規律之罰則，屬於形式的、他律的。

僧團戒律形成的發展過程，大約可歸納出以下幾個階段：

1.最初制戒的因緣，是有僧團中有些人的行為不但障礙個人的修行，也障礙了僧伽的和合，惹人譏評，所以佛陀在不同的因緣制立不同的「學處」，一條一條的學處，集成波羅提木叉，是出家者所應該守護不犯的。

2.為了佛法的推行於人間，成立受「具足法」、「布薩法」、「安居法」、「自恣法」、「迦絺那衣法」等，僧伽特有的制度。

3.當僧團越來越擴大，進而有種種僧事，僧伽諍事的處理法。

4.僧團的和合共住，必須要求行為（儀法）方面的和合與統一，如行、住、坐、臥，穿衣、行路、乞食，受用飲食等規制。這一切，由於出家僧伽的日漸廣大，中數越來越多，也越增加其重要性。

這種種因素，使得和戒律有關的經典，也就是律部的經典日漸增加，而自成一個系統。

在漢譯藏經中，屬律部的典籍有《四分律》六十卷、《彌沙塞五分律》三十卷、《十誦律》六十一卷、《摩訶僧祇律》四十卷、《善見律毗婆沙》十八卷、《有部毗奈耶》五十卷、《有部苾芻尼毗奈耶》二十卷等。其中，前四者與未傳來的《迦葉遺部律》合稱五部律。爾後大乘菩薩戒起，乃稱闡述大乘菩薩戒相的《菩薩地持經方便處戒品》、《梵網經》卷下等為大乘律，而上述《四分律》等則為聲聞所持的小乘律。

曹魏．嘉平年間（二四九～二五四），天竺三藏曇柯迦羅至中國，譯出《僧祇戒心圖》，為戒律傳入中國之始。唐代，鑑真赴日，於東大寺設戒壇授戒，又建唐招提寺弘傳戒律，戒律遂傳至日本，以下介紹戒律的根本聖典。

四分律

四分律（梵 Dharmagupta-vinaya）主要說明僧尼五眾別解脫戒的內容和受持的方法。它是漢語系佛教僧團奉行的一部廣律，中國從唐代就推行《四分律》，並發為律宗，直至現在，漢地佛教僧尼一直奉行《四分律》不改。

本律原為四十五卷，現行本為六十卷，又稱為《曇無德律》（曇無德意譯為「法藏」或「法密」），姚秦．弘始十年（四〇八）由罽賓．佛陀耶舍於長安中寺所譯。收在《大正藏》第二十二冊。《四分律》為曇無德部所傳，一般稱為五部廣律之一。

《四分律》因全部由四分構成而得名。《四分律》的譯出，據《出三藏記集》說，是秦主姚興因鳩摩羅什的建議迎佛陀耶舍來長安，因佛陀耶舍能誦《曇無德律》，司隸校尉姚爽就請他翻譯。姚興懷疑他只憑記憶會有錯誤，經過測驗，耶舍能以三天功夫記憶藥方戶籍四十餘紙，誦出一字不錯，才加以信服。

本律內容：可分為序、正、流通三分。初五言頌四十六頌半為勸信序，次長行「如來自知時」，以上敘舍利佛請佛結戒因緣為發起序。此二序為序分。正宗分包括二部戒及二大犍度。

二部戒中，初比丘戒（卷一至卷二十一）。每一戒下各各說明緣起（為何事結戒）、緣起人（因誰結戒）、立戒（佛結戒的經過和所結戒的條文）、分別所立戒（條文的解釋）、判決是非（是犯非犯和所犯輕重的判斷）。每一戒必說十則結戒的意義，即：「攝取於僧，令僧歡喜，令僧安樂，令未信者信，已信者令增長，難調者令調順，慚愧者得安樂，斷現在有漏，斷未來有漏，正法久住。」

次比丘尼戒。二十犍度中，⑴受戒犍度（卷三十一至卷三十五），說釋迦佛出家成佛，度人出家受戒，立受戒法的經過，和所立的受戒法。⑵說戒犍度（卷三十五至卷三十六），說建立說戒法的緣起和說戒法。⑶安居犍度（卷三十七），說安居緣起和安居法。

雜犍度後半部分有大小持戒犍度，為其餘諸律所無。其內容從生信出家，沙彌十戒，防過十七事，守護根門等五種行，成化身等五勝法，最後得三種智門，為大小乘所共學。

中國比丘戒的傳授，是從曇柯迦羅開始的，在南方早期卻有受戒遵《四分律》，行持依止《十誦律》的現象。直到元魏．北台法聰開始弘《四分律》，而南方還盛行《十誦律》，至唐中宗時明令禁止，而後《四分律》才南北通行。從唐時推行《四分律》並發為律宗，直至現在，漢地佛教僧尼一直奉行《四分律》。

十誦律

十誦律（梵 Sarvāstivāda-vinaya）是古薩婆多部的廣律，為有部根本律之一，全書由十回誦出，故有此名稱。

全經共六十一卷，後秦·弘始六至七年（四〇四～四〇五）間，由弗若多羅、鳩摩羅什共同翻譯，收在《大正藏》第二十三冊。律藏是整理佛陀所制定之戒律，所以各部派所傳，雖然在原則相同，但細部則會有些不同。

《十誦律》的內容，在初誦、二誦和三誦，包括四波羅夷法、十三僧殘法、二不定法、三十尼薩耆法、九十波逸提法、四波羅提提舍尼法、一百七眾學法、七滅諍法。四誦包括七法：即受具足戒法、布薩法、自恣法、安居法、皮革法、醫藥法和衣法。五誦包括八法：即迦絺那衣法、俱舍彌法、瞻波法、般荼盧伽法、僧殘悔法、遮法、臥具法、諍事法。六誦包括調達事、雜法。七誦為尼律，包括六法。八誦為增一法，包括一法至十一法。九誦為優波離問法。十誦包括比丘誦、二種毗尼及雜誦、四波羅夷法、僧伽婆尸沙。

最後附〈善誦毗尼序〉，分四品：前二品述結集的始末，後二品集錄有關羯磨、說戒、安居、衣食、醫藥、房舍等的開遮。這樣《十誦律》將受具足戒等十七事部分揉述在僧尼律中，是它特有的結構。

傳來中國的四廣律中，十誦律最早譯出，盛行於南方，南朝之僧業、僧璩、道儼、智稱等師皆精研此律。

此律為說一切有部所傳，後來唐．義淨廣譯根本說一切有部律，他認為根本說一切有部的律儀軌在大體上與《十誦律》相似，但他又說《十誦律》也不是根本說一切有部。我們知道說一切有部是佛滅後第三百年初自上座部分出。據清辨傳說，根本說一切有部又是後來從說一切有部分出來的。因此，《十誦律》應較根本說一切有部律為古。

《十誦律》較現行的根本說一切有部各律更為原始，這由原始佛教的流傳狀況也可加以推定。罽賓本為阿難弟子末田地傳教之地。末田地同門舍那婆私則傳教於摩偷羅，舍那婆私的弟子優波笈也畢生傳教於該地。優波笈多既曾刪訂舊律，以後摩偷羅國的大天又以五事引起僧伽中的諍論，上座僧徒盡遷罽賓，這應當是《十誦律》流傳罽賓的原因。由此也足以證明《十誦律》為現行較古的一部廣律。

《十誦律》在古代本為口口相傳，西元四〇年法顯在南亞次大陸北部求戒律時，各地的戒律仍然是「師師口傳，無本可寫」。同時弗若多羅來長安和鳩摩什共譯《十誦律》時，由翻譯的情況看來，可知也未有原本。後來曇摩流支來長安，就帶來有《十誦律》的梵本。在這以後二十年間，中國陸續譯出了好幾部廣律，如法藏部的《四分律》、大眾的《摩訶僧祇律》，比地部（彌沙塞部）的《五分律》。

梵網經

《梵網經》中所說的戒，稱為「梵網戒」，本經最受重視的部分，是下卷所說的大乘戒。因此頗受到中國、日本佛教重視，是中國漢地傳授大乘戒的主要典據。

本經全稱為《梵網經盧舍那佛說菩薩心地戒品第十》，又稱《梵網菩薩戒經》、《梵網菩薩戒本》，全書二卷。後秦．鳩摩羅什所譯，收在《大正藏》第二十四冊。

本經上卷主要在說明盧舍那佛、十發趣心、十長養心、十金剛心及十地等；下卷則敘述應說十無盡藏戒品，以及說十重、四十八輕戒。因全部與《華嚴經》的說相有相通之處，自古被判定為華嚴的結經。通常誦習本經者，多用下卷說菩薩戒相部分，稱為《梵網菩薩戒本》或《梵網菩薩戒經》。

本經所說之戒律特色是認為戒律並沒有在家與出家的區別，而是以開發自己的佛性為目的。因此，此種戒又可稱為「佛性戒」，說「眾生受佛戒即入諸佛位」，以及立於佛子的自覺而行菩薩道等為主。本經除了提到大乘戒戒相之外，也論及受戒的作法、大乘布薩的集會作法等，可以說是一部完整的戒經。隋代天台智者大師為了令學人易於了解受持，特提出講說弘揚，有《菩薩戒義疏》傳世，於是本經在大乘律裏開始受到重視，影響於後世，使它成了中國漢地傳授大乘戒主要的典據，且為諸宗同所通用。

本經另外有禁止食肉、食五辛、名利私欲，以及勸放生、行善供養等日常行儀的規定，對後世的影響很大。

在日本，最澄依據此經在比叡山建立大乘戒壇，並著有《顯戒論》。其他另有善珠、空海、叡尊、凝然、鳳潭等佛教學者也著有註釋。

本經內容，上下兩卷分說菩薩修道階位和菩薩重輕戒相。上卷說釋迦牟尼佛問盧舍那佛，一切眾生以何因緣得成菩薩十地之道及所得果是何等相。下卷敘釋迦牟尼佛受教已，示現降生、出家、成道，十處說法，並說無量世界猶如網孔，一一世界各各不同，佛教門亦復如是，以此說明經題取為梵網之義。

菩薩瓔珞本業經

《菩薩瓔珞本業經》主要在敘述菩薩的階位及三聚淨戒等之因行。

本經又稱《菩薩瓔珞經》、《瓔珞本業經》、《瓔珞經》，全書共二卷，由秦．竺佛念所譯，收在《大正藏》第二十四冊。

本經分八品，內容闡述十住、十行、十迴向、十地、無垢地及妙覺地等四十二賢聖，並將四十二賢聖加上十信而成五十二位。此外，亦解釋二諦之要義，以十波羅蜜為佛所之因，又說三聚淨戒，以八萬四千法門為攝善法戒、慈悲喜捨為攝眾生戒、十波羅夷為攝律儀戒等。

本經於六朝時代尚未見流傳，直到隋代天台智者大師才開始注意本經，並引用經文以莊嚴自家之說。天台宗著名的「空、假、中」三觀說即是引用本經，成為天台教義的重要思想，為天台等諸家所依用。

優婆塞戒經

《優婆塞戒經》（梵 Upāsaka-śīla-sūtra），是佛陀為善生長者所宣說，以在家居士為中心的大乘優婆塞戒（在家居士戒）經典。

本經又稱《善生經》、《優婆塞戒本》，共七卷，為北涼．曇無讖所譯，收在《大正藏》第二十四冊。全經內容分成：集會、發菩提心、悲、解脫等二十八品，其中〈受戒品〉為本經的重心。

其中，除提出在家菩薩應受的五戒外，更提出六重、二十八失意等大乘獨有的戒條。「六重法」，即不殺生、不偷盜、不虛說、不邪淫、不說四眾過、不酤酒；「二十八失意」則包含不供養師長、飲酒、不照顧病人等戒條。此外，亦說及八齋戒與十善戒。

此經是以《中阿含經》卷三十三之《善生經》為基礎所推衍、發展而成。與《長阿含》卷十一〈善生經〉，及《善生子經》、《尸迦羅越六方禮經》，皆述及六方供養及在家信徒之持戒生活。

菩薩地持經

《菩薩地持經》（梵 Bodhisattva-bhumi），內容廣說菩薩修行之方便，書中主要在宣說大乘戒，所以古來頗受重視。

本經又稱《菩薩地經》、《菩薩地持論》、《菩薩戒經》、《地持論》、《地持經》。全文共十卷或八卷，由北京‧曇無讖所譯。文分初方便處、次法方便處、畢竟方便處三部份，凡二十七品。總說菩薩道有持、相、翼、淨心、住、生、攝、地、行、安立等十法，收在《大正藏》第三十冊。

本書原是《瑜伽師地論》〈菩薩地〉（即卷三十五至卷五十）的節譯，唯缺其中之〈發正等菩提心品〉。原本為「論」，後被稱為「經」，相傳是無著依彌勒菩薩所說記錄而成，漢譯《瑜伽師地論》作彌勒菩薩造，西藏譯本則認為是無著所作。本書之異譯本有求那跋摩譯《菩薩善戒經》九卷本及一卷本。

日本學者荻原雲來曾將梵文本刊行於世。註疏有隋‧慧遠之《地持經義記》，及亡名之《菩薩地持記》。

善見律毗婆沙

《善見律毗婆沙》（巴 Samantapa^sa^dika^），為註釋錫蘭所傳律藏之典籍，乃節譯《一切善見律註》而成。

本論又稱《善見毗婆沙律》、《善見律》、《善見論》、《毗婆沙律》。蕭齊‧僧伽跋陀羅譯，全文共，十八卷。收在《大正藏》第二十四冊。依《歷代三寶紀》卷十一所記載，覺音法師持律藏至廣州，臨離去時將之付與弟子僧伽跋陀羅，永明六年（488），僧伽跋陀羅與沙門僧猗（或僧禕）共譯於廣州竹林寺。此即本書傳承之始末。

全書初有歸敬偈，次為外序，記述佛滅後三次結集、阿育王派遣傳道師、摩哂陀至錫蘭傳教等事；其次分〈比丘戒〉、〈比丘尼戒〉、〈騫陀伽〉、〈大德舍利弗問優波離律污出品〉四篇，加以註釋。此中，〈比丘戒〉中分立四波羅夷、十二僧伽婆尸沙、二不定、三十尼薩耆、九十波逸提、波羅提提舍尼、眾學及七滅諍等部份，但註釋具足者唯四波羅夷、十三僧伽婆尸沙、二不定三分而已。在〈比丘尼戒〉中，註釋波羅夷、僧殘及波逸提之少分，而未註釋其他部份。〈騫陀伽〉即揵度，分受戒、布薩、安居、革履、衣、藥等十三聚解釋。〈大德舍利弗問優波離律污出品〉中，列舉有關犯罪之數等共三十一條問答，一一加以解說。

本書相當於巴利文《一切善見律註》，比較二者，本書乃節譯《一切善見律註》而成。文中亦可見受自《四分律》之影響，如本書所載波逸提法有九十（巴利本有九十二）即受《四分律》影響所致。巴利本《一切善見律註》於西元五世紀初，覺音於錫蘭所著，為巴利《律藏》的註釋。

第五章 小乘論書

佛陀入滅後，佛弟子在第一次的教法結集中，對經和律都做了分類整理，並將難解的語句下定義加以說明，也就是所謂的「經」、「律」、「論」三藏。

第一次結集不但對教理和修行的法門也加以體系化，對律的戒條與作法規定也有所說明，並加以體系組織化。像這樣對經（法）與律的種種研究，稱為「對法」——「阿毗達磨」，和「對律」——「阿毗毗奈耶」。

在經的研究方面，由於阿毗達磨的敘述與表現方式和經典不同，所以不能加在阿含經中。但是它的初期階段的註釋與綜合，在阿含經裏還是可以看到。

在阿毗達磨的研究逐漸發達以後，不久就產生了無法納入經典的不同的文學形式，這種獨立的文獻就被稱為「阿毗達磨」（論書）。將此集錄起來，就成為小乘三藏中「論藏」的主要內容。論藏的研究是從原始佛教時代才開始，其成立與結集，是部派時代各部派的個別情事。我們甚至可以說，部派的特徵可以說就是論藏。

現存諸部派的論藏有「巴利七論」、「說一切有部七論」，及被認為是屬於法藏部的《舍利弗阿毗曇論》。《舍利弗阿毗曇論》是巴利七論與說一切有部七論全體的綜合。巴利七論與說一切有部七論之間雖然沒有相對應的內容，但卻包含了兩者初期、中期及後期所成立的經文。

以下介紹小乘論書中的重要論著。

發智論

《發智論》（梵 Jñāna-prasthāna-śāstra），全稱為《阿毗達磨發智論》，是將經中所有要義用各種阿毗達磨形式加以解釋的論典。本論為說一切有部阿毗達磨論宗的根本論典，在說一切有部中，地位極為崇高，被推尊為佛說的。

本論共二十卷，為印度．迦多延尼子所著，唐．玄奘譯，收在《大正藏》第二十六冊。

本論原是印度二十部派中說一切有部的根本論典，和《集異門足論》、《法蘊足論》、《施設足論》、《識身足論》、《品類足論》、《界身足論》合稱為有部重要的七論。據《俱舍論記》卷一中記載：「發智一論法門最廣，故後代論師說六（論）為足，發智為身。」意思是說《阿毗達磨發智論》中所論的法門最廣，因此後代論師認為在有部七論中，餘六論如同足，而發智論則如同身，即古來都以《發智論》為有部教義的代表作，而有「六足一身」之說。

本論相對於六足論，而稱《發智身論》。另在《大智度論》中稱之為《發智經》，在《婆藪槃豆傳》中稱為《發慧論》。此外，由於係說一切有部的根本論書，故亦稱《說一切有部發智論》。著名的《大毗婆沙論》就是解釋本論的論典。

本論係將經中所有要義用各種阿毗達磨形式加以解釋的論典。有釋義者，有分別法門者，有抉擇性相者，也有破除異說者。全書分八蘊、四十四納息（品），全面闡述說一切有部的基本觀點，兼論當時部派佛教間爭論的各類問題。

又，本論之核心思想與說一切有部其他重要論書相同，皆主張「三世實有，法體恒有，人空法有」，並反對上座部的某些論點，也批評大眾部關於過去無體等等說法。此論在古印度部派佛教時期有一定的影響。

大毗婆沙論

《大毗婆沙論》（梵 Abhidharma-mahāvibhāṣā-śā-stra）為詳解迦多衍尼子的《阿毗達磨發智論》而造的釋論，是部派佛教中佔首要地位的說一切有部的重要論典。本論又稱為《阿毗達磨大毗婆沙論》，或又簡稱為《婆沙》，共二百卷，為北印度五百大阿羅漢等所造，唐．玄奘所譯，收於《大正藏》第二十七冊。本論廣明法義，備列眾說，是小乘說一切有部所正依的論藏。

在當時北印度思想界佔主要地位的有部學人，對於《阿毗達磨發智論》曾競相鑽研，各宣勝義，廣事解說，而《大毗婆沙論》即為這些對《發智論》不同義解的廣大結集，其之所以名為《大毗婆沙》，即是包含有「廣說」、「勝說」、「異說」三種涵義，以此顯示此論為有部的廣大教藏。它的豐富的內容，龐大的組織，精嚴的界說，浩瀚的資料，在質和量的任何方面，都讓後世學者驚嘆，而公認為在部派佛教中佔首要地位的說一切有部的傑作。

關於此論結集的傳說，在．玄奘《大唐西域記》卷三說，佛陀滅度後四百年間，健馱羅國迦膩色迦王弘護佛教，鑑於當時的部執紛紜，人各異說，便請教於脅尊者，在迦濕彌羅建立迦藍，召集了五百位有名的阿羅漢，並以世友尊者為上座，從事於結集三藏，先造《鄔波第鑠論》十萬頌以解釋經藏，次造《毗奈耶毗婆沙論》十萬頌以解釋律藏，後造《阿毗達磨毗婆沙論》十萬頌以解釋論藏，三藏結集完畢，用赤銅鍱鏤寫論文，藏於塔中，永傳後世。

此中所說解釋論藏的《毗婆沙論》十萬頌，即是這《阿毗達磨大毗婆沙論》，而所解釋的論藏則是《阿毗達磨發智論》。此論的造成，在印度的佛教界確曾起了巨大的推進作用，並提高了說一切有部在當時的地位，而其時的有部學者也因此而被稱為「毗婆沙師」，可以想見此論和有部關係的重大。

此論梵本十萬頌，係由唐．玄奘全文漢譯。現今一般所指《大毗婆沙論》，即是指唐譯本論而言。

本論對於《發智》本論八篇四十三品的逐一廣釋，並備列眾說，顯示宗義，形成為說一切有部的教理淵海。而玄奘這一譯本也就是此論現存的唯一善本。唐譯本論譯出後不久，此論的梵文原本在印度似即佚失。

俱舍論

《俱舍論》（梵 Abhidharma-kośa），全稱《阿毗達磨俱舍論》，為說一切有部重要論典。

「俱舍」具有篋藏和刀鞘之義，因為在這部論書裏包括了有部的重要阿毗達磨論，如：《發智》身論和《法蘊》等六足論以及《大毗婆沙論》的要義，同時也即以這些論書為所依，所以此論題名為阿毗達磨的「俱舍」，意思是總攝含藏了眾多阿毗達磨重要論書之義。

本論共有三十卷，為印度・世親造，唐・玄奘譯，收在《大正藏》第二十九冊。世親為西元第五世紀頃北印度犍陀羅人，在佛教有部出家。當時北印度一帶的有部學徒以迦濕彌羅地方的毗婆沙師為正宗。他們獨尊《大毗婆沙論》，世親起初也從而學習，後又採取當時比較進步的經部學說，作了一部含有批評毗婆沙師意味的通論有部學說之書，這就是此部《阿毗達磨俱舍論》。他先作本頌六百頌，隨後又作長行註解八千頌。

傳說世親當初曾經隱藏身份，喬裝去迦濕彌羅跟著悟入論師學習了四年，後來被悟入識破了，才回轉犍陀羅來。他隨即為眾人講《毗婆沙論》，每日講完一段，即概括其義作一頌。這樣他講完了全論，作成六百頌，即是《俱舍論本頌》。《本頌》最初傳到迦濕彌羅之時，當地學徒還以為幫助己宗宣揚《毗婆沙論》的主張，等到續請世親寫出了註解之後才明白是批評《毗婆沙》的。

《俱舍論本頌》的底本是《雜心論》，因此它的結構也同《雜心》一樣，貫穿著犍陀羅有部學說「以四諦為綱」的傳統精神，全論分為八品。

《俱舍論》解說有部的重要宗義，都極其簡明扼要，故能在短短的六百個頌文裏概括無遺。這比較以前同類的撰述表現方法要善巧得多，因而獲得「聰明論」的稱號，而風行各地，發生種種影響。但另一方面卻引起了迦濕彌羅有部學徒激烈的反對。傳說傑出的論師眾賢，費了十二年工夫，對《俱舍論本頌》重新做了解釋，為婆沙師辯護，並駁斥經部各說，其書即題名為《俱舍雹論》，後經世親代為改名《阿毗達磨順正理論》。

在《俱舍論》未經傳譯之前，中國佛教學者研究阿毗達磨的毗曇師都以《雜

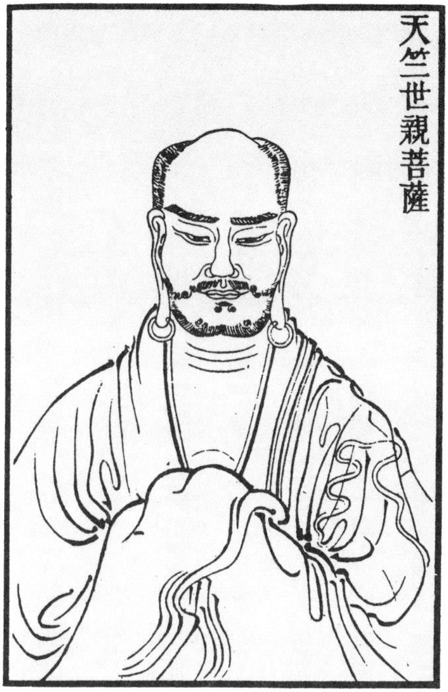

俱舍論為世親菩薩所造

心論》為主，所以也稱做「雜心師」。及至《俱舍論》譯出之後，他們逐漸改宗《俱舍》，遂有「俱舍師」之名。

在西藏地區，前弘期有傳譯《俱舍論》的勝友，後來格魯派更重視此論的學習，置之於顯教課程的最後，歷代大師均撰有《俱舍論》的註解。《俱舍論》及其註疏的西藏文譯本都收在西藏文大藏經《丹珠爾》之內。

另外，《俱舍論》的研究也盛行於日本。遠在唐代，日本的學僧道昭、智通、智達、玄昉先後來華，從玄奘和智周學習《俱舍》，歸國傳授，因而成立了俱舍宗。到後來本宗雖然附屬於法相宗，但此論仍受重視，成為必修的基本典籍，學者註疏競出。

順正理論

《順正理論》（梵 Abhidharma-nyāyānusāraśāstra），原名《俱舍雹論》，是有部論師眾賢站在一切有部的立場，為駁斥《俱舍論》所作的論著。

本論全稱《阿毗達磨順正理論》，又作《正理論》、《隨實論》、《俱舍雹論》，為印度．眾賢（Samghabhadra，四世紀）所造，唐．玄奘譯，共八十卷。如今梵本、藏譯本均已亡佚，僅存漢譯本，收於《大正藏》第二十九冊。

全書有二萬五千頌，八十萬言，分為八品。

關於本書之撰述緣由，是由於世親的《俱舍論》對《大毗婆沙論》作了批判，引起了婆沙師們群起辯護，其中最為有力的一家，是悟入的弟子眾賢。眾賢鑽研《俱舍論》達十二年之久，寫成了二萬五千頌的破論：《俱舍雹論》。傳說，論寫好後，他同弟子去找世親面決是非。世親當時在磔迦國（北印度），聽到這個消息，就避開他向中印度方面去了。

眾賢健康情形不佳，到達秣底補羅之後，無法繼續前行，就寫了一封信給世親，信中說自己不自量力，竟敢對前輩提出批評，用意無他，不過為了扶持有部正宗之說而已，至於議論對否，還請指示等等。同時表示，如果他死了，他的著作能夠流傳，他的心願足矣。

眾賢將信連同此論一起，交給一個有辯才的弟子，送去給世親。不久，眾賢去世了，世親收到信和論，看完之後，斟酌很久，認為此論「理雖不足，辭乃有餘」，而且闡發有部正宗，也是有所貢獻的。因此認為不妨並存，就給它改名《順正理論》而傳了下來。

《順正理論》的體裁，是採用評釋的方法，即對《俱舍論》的說法，並不是百分之百的抹殺，只是將其中一部份和批評《婆沙》的地方有些辯駁，而且辯駁得相當徹底。《順正理論》的作者眾賢，可說是有部毗婆沙師反對異說最為有力的一家。

《順正理論》透過和《俱舍論》的往來辯論，還是受到其影響，把原來《大毗婆沙論》的缺點改進了許多。因此，本論的基本立場，雖然是破斥《俱舍論》，標榜扶持本宗，實際上卻產生了交互融攝的影響，將有部的理論推進了一步。因此，一般把它看成是「新有部說」。其實，《俱舍論》已經開始做了革新有部的工作，只是沒有得到有部的代表毗婆沙師門的公認，而《順正理論》對《俱舍論》有的加以肯定，有的給予駁斥，看來似乎更全面，更新穎，因而得到承認，正式成為新有部說的代表論典。

異部宗輪論

《異部宗輪論》（梵 Samaya-bhedoparacana-cakra）主要內容在論述佛滅後一百餘年至四百年期間，印度佛教分派的歷史和各部派不同的教義。在現有漢譯典籍中，關於佛陀入滅後部派分裂次第，以及各派異執的較完整的記述，僅有此論一種，所以本論實為研究部派教義極重要的資料。

本論共一卷，為世友菩薩所造，據玄奘所說，世友菩薩為佛滅後四百年左右，迦膩色迦王時代的人，是當時說一切有部四大家之一。本論由唐朝玄奘大師於龍朔二年（公元六六二）譯出，收在《大正藏》第四十九冊。

本論出於有部大家之作，所以其主要內容，完全依照有部的說法來敘述，特別帶著北方有部正宗毗婆沙師的色彩。內容論述佛滅後一百餘年至四百年這段期間，印度佛教部派分裂的歷史和各部派不同的教義。

有關印度佛教史實之演化，佛滅以後，迄大乘盛行以前的大事，除結集而外，當以佛教部派的分化為最重要。尤其在研究小乘佛教史之時，部派之分化一事，實為此時期的基本核心問題。印度記載此一史實的史書，有《文殊師利問經》〈分部品〉，與《異部宗輪論》及其兩部同本異譯——《十八部論》與《部執異論》。此即古來所稱小乘分派史料之「一經三論」。而此數書之中，以《異部宗輪論》為最重要。

在現有的漢譯典籍中，關於佛陀滅度後部派分裂的次第，以及各派異執的較完整的記述，僅有本論一種，所以本論實為研究部派教義極重要的資料。

島史

《島史》（巴 Dīpa-vaṃsa），為錫蘭最古的編年史敘事詩，與《大史》同被視為錫蘭最重要的編年史書，是研究錫蘭史及錫蘭佛教史不可欠缺的文獻。

本書又稱《島王統史》、《洲史》，全書由巴利語寫成，大約作於四世紀末至五世紀初，作者不詳。

全書分二十二章，第一章敘述釋尊於成道之年親至錫蘭，馴伏夜叉等事。第二章敘述佛成道後五年、八年分別再訪錫蘭之事。第三章敘述自摩訶三摩多（Maha-sammata）至釋尊的諸王系譜及治城，附記淨飯、頻毗娑羅及阿闍世諸王略傳。第四章敘述佛滅後的五百結集，及後來的七百結集。第五章重說五百結集及七百結集，又說大眾上座諸部的分裂事蹟，且附帶敘述優波離至帝須、摩哂陀的教系。

第六章記述阿育王從灌頂即位至建設八萬四千塔之事蹟。第七章續前章述說摩哂陀、僧伽蜜多的出家及第三結集等事。第八章說帝須派遣末闡提等人至邊境傳道。第九章記載錫蘭最初之王毗闍耶的事蹟。第十章說半頭婆須王及阿婆耶王的治世。

第十一章敘述波君荼迦王等至天愛帝須王灌頂的事蹟。第十二章敘述摩哂陀來錫蘭及天愛帝須等人的歸崇。第十三章記述摩哂陀於象屋及大歡喜林說法等事。第十四章說大寺及支帝耶山的建設供養、阿標叉等人之出家諸事。第十五章敘述修摩那請來佛骨，及過去三佛遺骨之因緣等。

第十六章記述僧伽蜜多攜菩提樹來島。第十七章敘述於過去及現在之四佛時代的楞伽島（即錫蘭）名、都名、王名，乃至菩提樹的傳來，又說摩哂陀的入滅。第十八章列舉比丘尼教團的傳燈。第十九章敘述阿婆耶王建立銅殿（lohapasada）之事及諸王的事蹟。第二十章至第二十二章，敘述錫蘭諸王之系譜及事蹟。

大史

《大史》（巴 Mahāvaṃsa）是以佛教為中心的錫蘭史，與《島史》（Dipava-msa）並為錫蘭現存的王統編年史詩，為重要的史料參考書。

本書又稱《大王統史》，相傳為大名（Mahanama，五、六世紀人）所作。《大史》雖然是錫蘭王統的歷史，但從目次就可以看出，大體上本書是佛教的歷史。第一章先是講釋尊的法系，列舉燃佛至瞿曇佛（釋尊）二十四佛的名目。其次是釋尊的傳記，其中記載釋尊在世期間，三次來到錫蘭，示現神通奇蹟的情形。

第二章，敘述世界開闢以來，第一位國王——摩訶三摩多的王統，這個王統經過無數萬王，到悉達多太子為止。其次是記載三次結集、各地佈教，以及毗闍耶來島（由閻浮大陸到楞伽島）即位等事。從毗闍耶．經過五位國王，到天愛帝須王。天愛帝須王一即位，就與阿育王有來往。阿育王當時君臨北印度的波吒梨子城，且幾乎支配了全印度。他的兒子摩哂陀及女兒僧伽蜜多，也曾以佈教師的身分，來到錫蘭島，同時也帶來了菩提伽耶的菩提樹一枝，以及釋尊的舍利。後來，佛教就完全在錫蘭生根。

本書第二十一章以下，在目次上看起來只敘述諸王的事蹟，但是，其中到處可以看到以下的記載：精舍、像塔、房舍的建造修理；舍利、僧伽的供養；聖典的抄寫；奉獻土地及儲水池給僧團，以及精舍、佛塔舉行祭典等。雖然就純粹意義的歷史書而言，本書並不具權威性。但在不注重保存歷史資料的印度及南方佛教諸國裏，這部成立於西元五世紀的書，從印錫佛教關係說起，使錫蘭佛教歷史、王統，以及一般歷史，得以顯明，可以做為重要的史料參考。

除了歷史價值之外，《大史》中的語言與韻律均極為巧妙，具有很高的文學價值。Geiger 嘗如此批評：「《大史》是由可謂為詩人的人創作出的藝術作品。這位詩人不是以他的天才，而是以趣味、熟練的技巧善用粗野的材料，完成此書。」

《大史》的內容敘述釋尊嘗三度蒞臨為羅剎、夜叉、毘舍闍、蛇所盤踞的錫蘭島。其次敘述釋尊以佛眼觀視世間，見此美麗的島上，大蝮蛇王與小蝮蛇之間爆發戰爭，全島即將毀滅，釋尊哀愍之，因此偕諸菩薩飛渡此島，以佛法的光明照射，蛇神等因而受教改悔。

再來是釋尊族譜。從釋尊之父王淨飯王，追溯自太古之王。再來敘述印度佛教之歷史，尤其是阿育王護持的第三次結集之事，以及摩哂陀被派遣至錫蘭。

敘述至此，歷史舞台移到錫蘭，講說錫蘭人的祖先是某一印度王女與獅子結合所生下的後代。又述錫蘭王的歷史，錫蘭首任國王是毘闍耶王，此王生性狂暴，為國人所逐，故偕七百隨從出海，幾經險難，後登陸錫蘭島，成為島王。阿育王時代治理錫蘭，摩哂陀即於其為王時抵錫蘭，在當地奠立佛教，興建最早的佛教寺院。有關摩哂陀之妹僧伽蜜多持菩提樹枝，移植於錫蘭之事，書中也有詳盡的描述。

分別論

《分別論》（巴 Vibhaṅga-ppakaraṇa）為南傳七論之一，位列第二，次於《法集論》。

《分別論》簡稱「毗崩伽」（分別），為整理教法中重要的法數、學處，而以問答方式敘述的論書。雖然本論在南傳七論中次於《法集論》，但不論就論藏的發達史或本質意義而言，本論都具有列居第一位的重要性。在北傳的說一切有部諸論中，最類似本論的是《法蘊足論》。

全書由十八分別（品）組成，前十五品的每品各分「經分別」、「論分別」、「問難」三部份解說，後三品的每品各分本母和廣釋二部份解說。所論述的要點係依教理行果的次序，內容則以三學為基準。各品概要如下：

⑴蘊分別：解說色等五蘊。⑵處分別：解說十二處。⑶界分別：經分別部分，解說地水火風空識、樂苦喜憂捨無明、欲瞋害出離不瞋不害等各六界。論分別部分，解說眼等十八界。

(4)諦分別：解說四諦。(5)根分別：列舉並說明二十二根（缺經分別）。(6)緣相分別：經分別解說十二緣起，論分別解說二十四種緣起（缺問難）。

(7)念處分別：解說身、受、心、法四念處。

(8)正勤分別：解說四正勤。(9)神足分別：解說四神足。(10)覺支分別：解說七覺支。(11)道分別：解說八正道。(12)定分別：解說八正道。(13)無量分別：解說慈、悲、喜、捨四無量。

(14)學處分別：解說離殺生、離不與取等五學處（缺經分別）。

(15)無礙解分別：解說義、法、詞、辯四無礙解。

(16)智分別：本母部分列舉由一種智至十種智的各家說法，廣釋部分逐一詳解各說。(17)小事分別：專論煩惱。(18)法心分別：綜合論述諸門。

清淨道論

《清淨道論》（巴 Visuddhimagga）為綜述南傳上座部佛教思想的一部極詳細完整的著名論書，是研究南傳上座部教理的必讀之書。

作者覺音引用了整個南傳三藏要點，並參考斯里蘭卡流傳的古代三藏義疏和史書而寫成此論。覺音，西元五世紀中葉人，是南傳巴利語系佛教的一位傑出學者。當時印度大部分的佛教學者都已採用梵文著述，巴利文佛教業已衰落，只有斯里蘭卡和菩提場的比丘依然忠於巴利文。由於覺音的努力，巴利文這一系的佛典古語學才又活躍起來。

《清淨道論》是嚴格地按照當時大寺派的思想體系來著述的。其組織的次第和內容，有許多地方與優波底沙（Upatissa）所著的《解脫道論》相似。優波底沙約早於覺音二百餘年。本論除了序論和結論外，全書分為二十三品，依照戒、定、慧三大主題次第敘述，即前二品說戒，中間十一品說定，後十品說慧。

前二品，主要是說明如何持戒，戒的種類及持戒的功德。中間十一品，主要是敘述十遍、十不淨、十隨念、四梵住、四無色定、食厭想、四界差別等四十種定境的修習方法。後十品說慧學，是本書最重要部分，集南傳佛教論藏的主要內容和七部論以後發展出來的教理。其主要論題有：五蘊、十二處、十八界、二十二根、四諦、十二緣起等。

《清淨道論》可說是巴利文三藏的代表作。錫蘭著名的史書《大史》（Mahavamsa）贊歎本論為「三藏和義疏的精要」；德國的唯里曼・蓋格（WilhelmGeiger）教授也說它「是一部佛教百科全書」，本論受到世界各國的佛教學者的重視，在世界各國有多種文字的譯本，漢譯本為葉均譯。

第六章 大乘論書

大乘佛教興起之後，產生了迴然不同於部派佛教的風格及新的思想和信仰，也形成了許多大乘經典和論書。

初期大乘的經典，有屬於般若經系統的經典，及《維摩經》、《華嚴經》、《法華經》、《無量壽經》等。而研究這些經典的偉大論師有龍樹、提婆等人。龍樹著有《中論》、《十二門論》、《大智度論》、《十住毗婆沙論》、《迴諍論》等重要論書，提婆也著有《百論》、《四百論》等書。

中期大乘的經典大體可以分為如來藏、瑜伽行派及綜合二者的三大系統。

對中期大乘經典加以研究，並對教理加以組織與解說的論師為數極多。如：彌勒、無著、世親（天親）、安慧、堅慧、陳那、護法等。這個時期的重要論書，屬於瑜伽行派的有《瑜伽師地論》、《攝大乘論》、《大乘莊嚴經論》、《唯識二十論》、《唯識三十頌》、《成唯識論》，如來藏系統則有《佛性論》、《寶性論》等。綜合二者有《大乘起信論》一書。

中期大乘的經典與論書，傳譯到中國者數量相當多，從南北朝到隋唐的中國佛教，就是以這個時期的經典和論書為主體思想而大為興盛。此外，在印度的中期時代，有研究解釋初期大乘論書——《中論》而形成的中觀學派，及瑜伽行派，及中觀與瑜伽行的綜合思想。這些傳到中國的很少，而翻譯成西藏語的現存資料則頗多。

這個時期在中國代表小乘佛教的說一切有部，其文獻極多。譬如《大毗婆沙論》、《雜阿毗曇心論》、《俱舍論》、《順正理論》等，及與經部關係較深的論書《成實論》也都被譯成中文。

這些大乘論書使佛教的發展百家爭鳴，形成了更加多元豐富的風貌！

大智度論

《大智度論》（梵 Mahāprajñāpāramita-śāstra），為《大品般若經》的註釋書，與《百論》、《中論》、《十二門論》等三論合稱「四論」。本書被視為研究印度大乘佛教興起時代的重要資料，甚至是大乘佛教的百科全書，尤其對中國、日本的佛教學者有很大的影響。

本論又稱為《摩訶般若波羅蜜經釋論》、《摩訶般若釋論》、《大慧度經集要》、《大智度經論》，簡稱《智度論》、《大論》、《智論》、《釋論》為印度．龍樹造，後秦．鳩摩羅什所譯，共一百卷，收在《大正藏》第二十五冊。

本書卷首僧叡的序和卷末的附記中說，本書僅全譯龍樹原作之前三十四卷（相當於《大品般若經》之初品），三十四卷以下，因國人好簡之故，羅什將它作適當的節譯，而成為現行的一百卷本。若將原論全部譯出，則篇幅將達現行本的十倍。本論翻譯之際，中國佛教界正盛行《般若經》的研究，而且諸說紛紜，待本論一出，諸說頓息。自南北朝至隋、初唐，華北地區特別盛行本論的研究，

大智度論為龍樹菩薩所造

甚且形成學派。

大智度論的內容涵蓋甚廣，無論哲理、歷史、地理，乃至僧團的實踐法規，論中皆有詳述，其所引用之經論遍及大小乘，如原始佛教聖典、部派佛教諸論書，及早期大乘佛教之《法華經》、《華嚴經》等，是研究印度大乘佛教興起時代的重要資料。目前本書的梵文本尚未被發現，但歐美、印度的學術界已陸續有人將漢譯本（部分）譯成法文、英文與德文。並視之為大乘佛教的淵藪，而加以研究。

十住毗婆沙論

《十住毗婆沙論》（梵 Daśabhūmika-vibhāṣā-śāstra），是《華嚴經》〈十住品〉中，初地（歡喜地）及第二地（離垢地）的部份註釋。但本論受到重視的部份並非在十地思想的研究上，而是對淨土易行道思想的形成及重要典據，影響深遠。

本論又名《十住毗婆沙》或《十住論》為龍樹所造，後秦．鳩摩羅什譯，共十七卷，收在《大正藏》第二十六冊。

本書是《華嚴經》〈十住品〉的註釋，但並未註釋其全品，而是僅註釋初地（歡喜地）及第二地（離垢地）的一半而已。全書用偈頌簡述經文大意，再加以引申疏釋，並不是經文的逐句釋。

全書凡三十五品，第一品〈序品〉乃全書之總論，敘述菩薩、十地的意義及三乘的區別，第二品〈入初地品〉至第二十七品〈略行品〉為初地之註釋，說明初地的內容及菩薩的行願果等；第二十八品〈分別二地業道品〉以下八品論述第二地，力陳十方便心之重要性，並闡釋大乘菩薩的十善業道。

由於本論被視為不完整的註釋，因此在十地思想的研究上，並不太受到重視。反而是論中說明彌陀信仰的〈易行品〉部份，古來即特別受矚目。該品不僅在了解龍樹思想上極為重要，同時也是認識淨土思想的形成及其影響的重要典據。尤其論中所揭示的難行與易行二道，被日本淨土宗的創始人親鸞引用，提出「依靠信，較容易證入不退轉地之道」（信方便易行）。這種仰賴他力的信，遂成為淨土宗的特色。

此外，道綽在《安樂集》中，將曇鸞之所說，結合末法思想，開出了聖道、淨土二門。又，自從日僧親鸞以〈易行品〉為正依經論以來，真宗學者撰述諸多〈易行品〉的註釋，終於形成認為〈易行品〉全品大意唯說彌陀易行的獨特易行觀。除了〈易行品〉之外，自第二十品〈念佛品〉到第二十五品〈助念佛三昧品〉等六品，也是淨土念佛行人很好的參考。

現觀莊嚴論

《現觀莊嚴論》（梵 Abhisamayālaṃkara-śāstra），是解釋《大般若經》的論著。

本論為彌勒所造，彌勒曾著五部論書，《現觀莊嚴論》就是其中的第一部。《現觀莊嚴論》用「優婆提舍」（論議）的體裁，將《大般若經》的經文逐段的大意，寫成提綱，歸納在各種句義之內，並不拘於字句的解釋。《大般若經》內容很廣大，玄奘的譯本有十六會即十六個部分。其中最基本的，是開頭的五部分。《現觀莊嚴論》所解釋的相當於第二分，即《二萬五千頌般若》。這一分前後流傳的本子也略有變化，論中寫出的綱要和晚出的本子最吻合。

本論的組織，完全是從如何修行成佛的全部過程解釋《般若經》的。所以用當前實證的「現觀」來做論名。「莊嚴」是一種文體，也含有如實開示道理的意義。

八品的次第依著師子賢的解釋是這樣的：為了求得佛果的菩薩應該普遍知道

一切法相，所以最初就舉出果位的一切相智性來做目標。一切相智須遍知聲聞等道才成就，所以其次說道智。道智又須遍知一切事才成就，故又說一切智。由此為了對這已經了解的三類智能夠完全自在而修習，先總的得著概括相、道、事的一切相現等覺。其次由邁進的方法而修習達於最勝的邊際，得著頂現觀。又次對已知道的義理或分或合，整理、鞏固來修習，得著次第現觀。再加以充分修習，最後證得一剎那現觀。次一剎那即證得究竟的法身。這是八品次第相生的意義，也概括了《二萬五千頌般若》全經的全貌。

《現觀莊嚴論》在印度流行之後就受到學人的重視，在印度佛學晚期歷史上佔有極重要的地位。

《現觀莊嚴論》以這樣整齊的條理解釋般若全經的內涵，明白地指出大乘修行的全程，由於本論處處都用般若性空的說法，所以藏文學者說它屬於中觀的學說一類，宗喀巴更以為它和後來月稱一系的見解（即應成派）相通。

淨土論

《淨土論》（梵 Sukhāvatī-vyuhopadeśa），為印度．世親大師所造，北魏．菩提流支翻譯，詳稱《無量壽經優婆提舍願生偈》，或作《無量壽經優波提舍經論》、《無量壽經優波提舍》、《無量壽經論》、《往生淨土論》、《往生論》、《願生偈》，收於《大正藏》第二十六冊。

本論是依據《無量壽經》作願生偈而加以解釋的論典，與「淨土三部經」並稱「三經一論」，是印度人所撰之唯一淨土論著，所以特別受到淨土家重視。

全書內容，包含九十六句偈頌及詮釋偈頌之長行。卷首偈頌言：「世尊我一心，歸命盡十方，無礙光如來，願生安樂國。」揭示願生淨土之旨。次說願生淨土之因及淨土之莊嚴。最後以：「我作論說偈，願見彌陀佛，普共諸眾生，往生安樂國。」為迴向偈而總結偈頌部份。

其次以長行開示往生淨土的方法，也就是修五念門成就者，得生安樂國土。所謂「五念門」是：⑴禮拜門，⑵讚歎門，⑶作願門，⑷觀察門，⑸迴向門。其中，對觀察門的敘述最多，也就是觀察對淨土的莊嚴，有佛國土功德莊嚴十七種、阿彌陀佛功德莊嚴八種、菩薩功德莊嚴四種，計二十九種功德莊嚴。最後又說有近門、大會眾門、宅門、屋門、園林遊戲地門等五種門，漸次成就五種功德。此中，前四種門成就「入功德」，是自利行。第五門成就「出功德」，乃利他行，此二行成就則速成佛果菩提。

本論經北魏．曇鸞作註之後，廣為流行，其註釋書另有智光《淨土論疏》五卷、僧鎔《淨土論述要》一卷、法海《淨土論講義》四卷、百叡《淨土論聽說》三卷、月珠《淨土論隨釋》二卷等。

十二門論

《十二門論》（梵 Dvādaśanikāya-śāstra），本論與《中論》及龍樹弟子提婆的《百論》，合而成為所謂的「三論」，古來在中國及日本廣受講述研究。其中，嘉祥大師是三論宗的集大成者，其思想在後代亦傳入日本。

本論相傳為龍樹（Nagarjuna）菩薩所著，全文共一卷，由鳩摩羅什於弘始十一年（西元四〇九年）譯出，收在《大正藏》第三十冊。梵文原典及藏譯均已不傳。內容分十二門（章），解釋大乘空觀，為龍樹主要著作《中論》的綱要書。本書是由二十六首偈頌與釋文組成，但其中有二頌引用自《七十空性論》，十七頌引用《中論》，其他的偈頌則近似於《中論》的偈頌。

中論

《中論》（梵 Mūlamadhyamaka-kārikā），本書此論講實相中道，揭櫫中觀，所以名為《中論》，是印度大乘佛教中觀派的根本典籍。

本論又稱《根本中頌》、《中頌》、《中論頌》，為龍樹菩薩所造，鳩摩羅什譯，共四卷，收於大正藏第三十冊。本書梵本已佚，然其原頌尚可從各註釋書中見及。

《中論》最著名的四句頌，總明中觀的要義：「眾因緣生法，我說即是空。亦是假名，亦是中道義。」中國佛學家如三論宗、天台宗等，都很重視這一頌。因頌中有三個「是」字遂稱為「三是偈」，天台宗把「空、假、中」看成是諦，又稱為「三諦偈」。

《中論》一書集中表現了龍樹的主要思想。即論中所提出的「八不中道」和「實相涅槃」兩種理論。龍樹菩薩認為釋迦提出的緣起是全面的，不單純說有說無，而是有無的統一。從因果關係上說有無，所能推論出來的現象不外生滅、常斷、一異、來去等現象，這些都是由時空上因果相望而說的。真正的緣起說對八個方面都不能執著，因而提出八不中道：「不生亦不滅，不常亦不斷，不一亦不異，不來亦不出。」八不中道與實相涅槃可以概括龍樹的學說。《中論》中示究竟旨歸說：「大聖說空法，為離諸見故，若復見有空，諸佛所不化。」這就是所謂實相中道義。

關於本書的註釋，相傳印度為本書作註釋者有七十餘家，然現存者有七，茲略述如次：

⑴青目《中論》：四卷。鳩摩羅什譯。收在《大正藏》第三十冊。⑵《無畏論》：相傳為龍樹所撰，尚待研究。⑶佛護《根本史論性》：印度古代學者月稱及清辨等人由於對此註的看法不同，致使中觀派分裂為二。⑷清辨《般若燈論》：現存漢譯及藏譯。⑸安慧《大乘中觀釋論》：僅存漢譯，即宋・惟淨及法護譯，共十八卷。⑹月稱《中論註》：書名又稱《顯句論》、《淨明句論》等。現存梵本及西藏譯。是唯一現存的梵文原典。⑺無著《順中論》：二卷。元魏・菩提流支譯。此外，漢地的《中論》註釋，以吉藏的《中論疏》十卷最為著名。

四百論

《四百論》（梵 Catuḥśataka），本論提婆菩薩繼承龍樹菩薩大乘空觀的思想所著。

本書全名為《菩薩瑜伽行四百論》，為提婆所著，共十六品四百偈。現存有梵文斷片及藏譯全譯本、玄奘譯《廣百論本》（僅為原書後半第九～十六品，收在《大正藏》第三十冊）。

提婆菩薩繼承龍樹菩薩大乘空觀的思想，撰本書及《百論》、《百字論》等著作。其中本書與《百論》針對當時其他學派的錯誤之處加以破除。本書大致可分為二部分，其一為前八品的「說法」。內容討論中觀的主要思想與修持法門。即由實踐的立場，說明斷除以「常、樂、我、淨」四種執著為首的各種煩惱，及修持菩薩行的方法。其二為後八品的「論義」。內容著重於破斥外道的異說，而解明空無自性之義。

本書的形式及內容幾乎皆同於《中觀論頌》，為中觀派之重要典籍。在月稱所著的《中觀論頌釋論》中，就廣大引用本書以立說。同時，本書與月稱《菩薩瑜伽行四百頌廣釋》共同流傳於西藏。在二十世紀初，本論之梵本斷片被發現後，各國學者的研究成果屢見發表，同時並有英譯本、法譯本等行世。

百論

《百論》（梵 Sata-sastra）是承襲龍樹《中論》論義之作。在中國，《百論》和龍樹的《中論》、《十二門論》並稱三論，為三論宗的根本聖典。

本論為印度．提婆菩薩所造，婆藪開士註釋，鳩摩羅什翻譯，共二卷，收於《大正藏》第三十冊。

內容主要在以空觀立場，駁斥數論、勝論、正理等外道諸派的世界觀、人性論及解脫論，並彰顯大乘佛教的正見。每品列有五偈，偈末且附提婆所撰的短文，以及婆藪開士的註釋。根據僧肇〈百論序〉所載，本書原有二十品，各品有五偈，總為百偈。然今僅存收錄前十品的漢譯本。

由於本書所批判的對象多為「數論」、「勝論」、「正理」等派思想學說，因此在明瞭印度三世紀左右印度哲學諸派的動向上，本書佔有重要地位。在中國，《百論》更與《中論》、《十二門論》並列為三論，而成為三論宗的根本聖典。註釋本頗多，但現僅存隋．吉藏《百論疏》三卷（或九卷）。

瑜伽師地論

《瑜伽師地論》（梵 Yogācara-bhūmi），為瑜伽行學派的基本論書，也是唯識宗最重要的典籍。

本論略稱為《瑜伽論》，為彌勒所講述，無著記錄，共一百卷，收於大正藏第三十冊。

本論題名「瑜伽師地」，瑜伽譯為「相應」，也有「一致」、「和合」等義。依《瑜伽師地論釋》，本論說三乘行者（即瑜伽師）所觀的境、所修的行、所證的果位（即瑜伽師地），互有方便善巧、相應的意義，所以總約以「瑜伽師地」為名。

相傳佛陀涅槃後九百年，彌勒菩薩下降中印度阿踰陀國講堂，為無著宣說五部大論：《瑜伽師地論》、《分別瑜伽論》、《大乘莊嚴經論》、《辯中邊論》、《能斷金剛般若波羅蜜多經論》，其中《瑜伽師地論》就是最根本的一部論。

本論另有西藏文譯本，總題《瑜伽行地》，收在《西藏大藏經》〈丹珠爾〉中。

本論的譯者唐·玄奘為求取本論全文赴印遊學，從戒賢得到了傳授，回國後，即於貞觀二十一年（六四七年）五月，於弘福寺翻經院開始傳譯。當時列席譯場的，有名僧靈會、靈雋、辯機、文備、神泰等二十餘人，到二十二年五月譯完。次年（六四九年）七月，又在大慈恩寺翻經院譯出《菩薩戒羯磨文》一卷（本論第四十、第四十一卷的一部份）。同時譯出《王法正理論》一卷（本論第四十卷末及第四十一卷的別譯，和曇無讖譯《菩薩戒本》及求那跋摩譯《優婆塞五戒威儀經》的前半相同）。在這以後不空於天寶十二年到大曆九年間（七五三～七七四），譯出《佛為優填王說王法政論經》一卷，和玄奘譯《王法正理論》大同。

大乘莊嚴經論

《大乘莊嚴經論》（梵 Mahāyāna-sūtrālaṃkara），全書旨在闡釋菩薩所應修習的種種法門。

本論又稱《大乘莊嚴論》、《大莊嚴論》、《莊嚴論》，或《莊嚴體義論》，共十三卷，為無著所造，波羅頗蜜多羅譯，收在《大正藏》第三十一冊，為瑜伽十支論之一。

「莊嚴」（alamkara）是指梵典文學的一種體裁，用來闡揚大乘經本義，在《攝大乘論釋》卷八中解釋本論的題名：「經義深隱難解，如實顯了經中正義，故名莊嚴論。論解此經，故得莊嚴名。」這是說由於大乘經經義深刻隱誨難以理解，本論能如實彰顯經中正確的義理，故名「莊嚴」。

全論共二十四品，內容主要在論述大乘要義，且在〈成宗品〉中，曾對「大乘非佛說之非難」，提出答辯之論據；在本論核心〈菩提品〉中，更闡述佛身即是智慧圓滿之菩提，法界與眾生一如，一切眾生悉有佛性等理趣。

本論的作者，有很多種說法，漢譯本的序中說此論為無著菩薩所纂，《南海寄歸內法傳》則說：「此中雖有世親所造，然而功歸無著也。」《開元釋教錄》卷八等亦以之為無著所造。本論的譯本，除了漢譯之外，另有藏譯本。但是，西藏譯本卻說是彌勒所造。

本論的品名與《瑜伽師地論》〈菩薩地〉中的品目完全一致，所以大體可視本論是依《瑜伽師地論》的〈菩薩地〉而造。雖然如此，但本論與〈菩薩地品〉中所論旨趣，卻迥然不同。可以說本論依據〈菩薩地〉的思想以發揚大乘的特色，特別是本論含有《瑜伽師地論》中所未有的如來藏思想。

攝大乘論

《攝大乘論》（梵 Mahāyāna-saṃgraha），是印度大乘佛教之重要著作，為瑜伽行派根本論典之一。本論是完成印度唯識說的重要論典，在印度唯識哲學史上佔有重要地位。

本論為無著所著。有下列譯本：(1)佛陀扇多譯，二卷。(2)真諦譯，三卷。(3)玄奘譯，八卷。(4)達摩笈多譯。此本不是獨立的譯本，這些譯本皆收在《大正藏》第三十一冊。

本書將大乘佛教的重要教義分十品論述，大意如下：

(1)〈應知依止勝相品〉，論述阿賴耶識與緣起。

(2)〈應知勝相品〉，論述三性與實相。

(3)〈入應知勝相品〉，論述唯識觀。

(4)〈入因果勝相品〉，論述六波羅密。

(5)〈入因果修差別勝相品〉，論述十地。

(6)〈依戒學勝相品〉，論述「戒」。

(7)〈依心學勝相品〉，論述「定」。

(8)〈依慧學勝相品〉，論述「慧」。

(9)〈學果寂滅勝相品〉，論述無住處涅槃。

(10)〈智差別勝相品〉，論述佛之三身。

本書在印度唯識哲學史上佔有重要地位，是完成印度唯識說的重要論典，因此，在中國，自真諦譯本出現後不久，也形成所謂的「攝論學派」，也就是「攝論宗」。本書文原典尚未被發現，然有西藏譯本。

成唯識論

《成唯識論》（梵 Vijñaptimātratāsiddhi-śāstra），本論是一部解釋《唯識三十論》（頌）而屬於集註性質的書。本論是玄奘大師糅合為世親《唯識三十論》作註最著名的十家之說為一書，所譯成之論。

本論共十卷，為護法等人所造，唐．玄奘於顯慶四年（公元六五九年）纂譯，窺基筆受。一名《淨唯識論》，收於《大正藏》第三十一冊。

《三十論》為世親晚年精心結撰的著作，他未曾親自註解便去世了。別人作註的很多，最著名的有十家：(1)親勝。(2)火辨，些人都和世親同時，分別做了簡單的註解；親勝的註尤能指點出世親作論的本意。(3)難陀，謹守世親學說的規模，依唯識二分說、種子新薰說等作註解，成為註家中重要的一派。(4)德慧。(5)安慧，他和德慧是師弟，對於世親《俱舍》學都很有研究。安慧的註解用唯識自證分說法發展了世親的學說，為註八家中另一種派別。(6)淨月，如安慧同時，擅長《對法》。他的註解中特別主張第八識的現行和種子互有「俱有依」的意義，

成唯識論為玄奘大師所編纂

這與安慧的見解正相反對。⑺護法。⑻勝友（護法弟子）。⑼勝子。⑽智月。

此十家在陳那的三分說的基礎上，更進一步主張唯識四分說以及種子本有新薰合成說，使世親之說又推進了一步，他們便成為註家中另一重要學派。

這十家註書共有四千五百偈，玄奘在印度都搜羅來了。特別是護法的註書，原來在印度只付托給一位居士珍藏，以待知著，玄奘以在印度博得盛名之故，獨獲其傳本而歸。玄奘當初擬將十大家註書完全譯出，並已決定由神昉、嘉尚、普光、窺基四人相助。但後來採納窺基的建議，改用編纂辦法，糅合十家之說為一書，並且只留窺基一人獨任筆受，這樣譯成了《成唯識論》。

本論在各段釋文中，常常插入從解釋頌文而推衍出來的廣論。這樣的廣論在安慧所作的註釋中就很多了，護法釋論更加擴大。

本論的註解，最重要的是窺基所撰的《述記》二十卷，本論之筆受出之窺基，據本論沈玄明〈後序〉上說，基師曾「綜其綱領，甄其品第」，可見他對於唯識正宗學說的理解，親得師承，而都詳於《述記》，其書遂為後世研究唯識學的圭臬。

唯識二十論

《唯識二十論》（梵 Viṃśatikā vijñapti-mātratā-siddhih），為唯識宗所依十一論之一，瑜伽十支論之一。

本論又稱為《二十唯識論》，世親菩薩所造，唐．玄奘譯，全文共一卷，收在《大正藏》第三十一冊。全論要旨在闡述唯識教義，破斥外道及小乘之偏見，以顯揚唯識正義之論書，書內除偈頌之外，又有長行解釋其義。

本書初首先立三界唯識，其次回答外道、小乘對唯識說的批評或疑問，以成立萬法唯識之義。與直接論述唯識義趣的《唯識三十頌》相比，本論較著重破除邪見，二書互為表裏，相輔相成，闡明唯識義理。

玄奘大師翻譯本論之前，有舊譯二本。一是魏．菩提流支譯《大乘楞伽經唯識論》（又稱為《破色心論》）一卷；其二是陳．真諦譯《大乘唯識論》一卷。

《二十頌論》的唯識說要點是，「識生似（轉變）外境現」。意思是說識生起以有一種作用，能把識的一部分轉變成為心的對象。由於人們對「識所變」沒有真實的認識，把它執為外境，其實外境並不存在。為什麼眾生會有這種執著？書中說，這好比病目見空華，空華是沒有的，凡夫（病目者）執以為真，就是遍計所執。空華雖然沒有，但畢竟總有一個形象，這個形象是屬於內還是屬於外呢？書中說這也是識所變現的，屬於識內，不在識外。既然一切統屬於識，所謂識的內境，唯識說的根據就建立了。

唯識三十頌

《唯識三十頌》（梵 Triṃśikā vijñapti-kārikā）本書為法相宗所依據的主要論書之一，也是瑜伽十支論之一。

本論又稱為《三十論》、《唯識三十論》、《三十唯識論》、《唯識三十論頌》、《高建法幢論》。為世親菩薩所造，唐．玄奘譯，全長一卷。收在《大正藏》第三十一冊。異譯有真諦譯《轉識論》一卷。本論以五言三十行的偈頌，簡要闡述三界唯識之義。

本論不僅將《解深密經》乃至《攝大乘論》等所說唯識學理的大綱加以歸納，編輯成三十頌，並且重新加入向來未說及的「識轉變」（parinama）與「心所說」。本書為世親大師晚年所造，後來，有德慧、安慧、難陀、護法、親勝、火辨、淨月、勝友、勝子、智月等十大論師為之作註。《成唯識論》一書即是糅合此十家之說編譯而成。

集量論

《集量論》（梵 Pramāṇa-samuccaya），是古代印度著名的因明學家、佛教大論師陳那六世紀的代表著作，為唯識學派主要依據的十一部論典之一。

本論由唐．義淨曾於景雲二年（七一一）譯成四卷本，但是此譯本不久就佚失了。本書係陳那自其所撰《正理門論》等諸書中，收集有關「量」的部份，組織而成的因明學書。不僅為陳那自身量論之集大成，也是佛教論理學的重要論著。

全書由本偈與作者的自註所組成。分〈現量〉、〈為自比量〉、〈為他比量〉、〈觀喻似喻〉、〈觀離〉、〈觀過類〉六品。內容闡述量（認識）僅有「現量」（知覺）「比量」（推理）二類，並提出遮詮說，且以「三支作法」為中心，說明因三相、九句因、同喻之合與異喻之離。此外，亦批判世親之《論軌》、正理、勝論、彌曼蹉、數論等學派之知識論。

關於本書之文獻，其梵文原典與義淨漢譯本皆已亡佚。然存有二種藏譯本，民初呂澂，曾有節譯本，名為《集量論釋略抄》。在一九八〇年左右，法尊亦譯出《集量論略解》，此二書皆係譯自藏文本。收在《大藏經補編》第九冊。

在註釋書方面，除作者之自註外，另有法稱的《釋量論》、吉年陀羅菩提的《集量論注廣大無垢》，以上二書收錄於《西藏大藏經》，及宗喀巴之弟子嘎爾甲普塔瑪林傑的《量經釋》。其中，法稱的《釋量論》也有法尊譯本，收在《大藏經補編》第九冊。

《集量論》共分六品（章），各品皆分兩部份：先「立自宗」，闡述著者的主張；後「破異執」，批駁其他派別的主張。「立自宗」部份所闡述的內容，是研究陳那因明學說的主要依據，其中有不少可以補充漢譯佛典之缺略。「破異執」部份，保存了豐富的關於《論軌》（佛教古因明的代表作）、正理派、勝論、數論、觀行派（彌曼差）的資料，對於研究印度哲學史和邏輯史，具有重要參考價值。

正理滴論

《正理滴論》（梵 Nyāyabindu），本論為研究因明學的古典著作，全論簡明扼要地論述因明的推理法則，為各國學術界所重視。

本論又稱《正理一滴》、《正理一滴論》、《邏輯一滴》。全論分三品，是為古代印度之佛學家法稱所著，收於《大藏經補編》第九冊。

《正理滴論》開宗明義就說：「士夫成辦諸事，正智必須先行。」其中「正智」，即「正確的認識」，「士夫」即「有志之士」。這句話的整個含意，可以理解為立志做成一番事業的人們，要使自己的行動達到預期的目的，就必須具備正確的認識。換句話說，對有關問題必須有正確的了解。而闡述獲得這種認識的途徑和進行推理論證的法則，正是因明學的旨趣。

原書分三部分，即〈現量品〉、〈自利比量品〉。這裡所提到的一個核心問題就是「量」，它有三方面的含意：

⑴因明論式叫「量」，成立論式叫「立量」。⑵量是有關知識性質的，故把

《因明論》叫做《量論》，即帶有認識論之意。⑶量的作用和它的結果，即對事物得到正確的認識，如像用尺子量布，一尺一尺地量下去是量的作用，而所了解到的長度乃是的量的結果。

作者法稱繼承並發展陳那的因明和認識論的學說而著有「因明七論」。《正理一滴論》就是其中的一部。七部量論，又稱為七部因明論著：⑴《釋量論》，⑵《定量論》，⑶《正理滴論》，⑷《因滴論》，⑸《觀相屬論》，⑹《成他相續論》，⑺《諍理論》。《七部量論》是法稱繼承和發展陳那因明學的重要著作。七部原著加上印度十五家學者的注釋，共有五十九種，形成因明學從原理到論證比較系統的思想體系。

近代，東西方各國研究因明的人也多取材於法稱的著作，特別是《正理一滴論》一書，由於精簡扼要地對法稱自己的因明學體系作了概括的敘述，表現了在邏輯上的價值，受到東西方學者的重視，並給予一定的評價。此外，本論在對現量和比量的思維活動曾次所作的精闢分析，使心理學的研究也開展了廣大的視野。

寶性論

《寶性論》（梵 Mahāyānottaratantra- śāstra），為有組織闡述如來藏思想的代表性著作。

本論又稱《究竟一乘寶性論》、《寶性分別一乘增上論》、《一乘寶 性論》。由北魏・勒那摩提（Ratnamati）所譯，共四卷，收於《大正藏》第三十一冊。

全書包含〈教化〉、〈佛寶〉、〈法寶〉、〈僧寶〉、〈一切眾生有如來藏〉、〈無量煩惱所纏〉、〈為何義說〉、〈身轉清淨成菩提〉、〈如來功德〉、〈自然不休息佛業〉、〈校量信功德〉等十一品。卷初並有偈頌述說各品的大綱。

內容乃援引《如來藏經》、《勝鬘經》、《大乘涅槃經》、《華嚴經》、《大乘莊嚴經論》等經典，批判《般若經》的空說，論佛性的「有」。又依據十種觀點（自性、因、果、業、相應、行、時差別、遍一切處、不變、無差別）及三種意義（法身、真如、性），闡述如來藏。並舉九種譬喻加以說明。故其論述不僅與唯識說關係密切，對了解印度如來藏說之發展，亦提供寶貴的資料。

關於本論的作者，中國傳說是堅慧所作，西藏則認為係彌勒造偈，無著撰釋論。近人多支持前說。又，經錄中或謂此書乃菩提流支所譯，或謂菩提流支、勒那摩提皆有譯述，而菩提流支本則為闕本云云。

佛性論

《佛性論》被認為是主張「一切眾生皆有佛性」的代表性典籍。

全論共四卷，為世親菩薩造，陳．真諦譯，收於《大正藏》第三十一冊。本論內容主要在詳釋《究竟一乘寶性論》中第五至第七第三品，闡明一切眾生悉有佛性之義。全書由緣起分、破執分（三品）、顯體分（三品）、辨相分（十品）等四分十六品組成，是一部系統地說明「佛性即如來藏」的大乘論書。

由於本論的梵文原典及藏譯今均不傳，所以有人對本論的作者及成立年代抱持懷疑的態度。但本書仍被認為是主張一切眾生皆有佛性的代表性論著，極受中外學界重視。其註釋書頗多，然現存者僅有日僧賢洲所作《佛作論節義》四卷。

大乘起信論

《大乘起信論》（梵 Mahāyāna-prasāda-prabhāvana）本論以如來藏為中心理論，為發起大乘信仰而作的一部大乘佛法概要的論書。

本論為馬鳴造，梁．真諦所譯，全文共一卷，收在《大正藏》第三十二冊。《大乘起信論》，向來傳說是馬鳴菩薩造的。但是由於名為馬鳴的，在印度不止一人，古來就有「六馬鳴」的傳說。然大都傳說為龍樹以前的那位馬鳴。據《馬鳴傳》及《付法藏因緣傳》的傳說，馬鳴是脇尊者的弟子，或富那耶奢的弟子。時代約與迦膩色迦王同時。

本論的譯者梁‧真諦，這個版本通常稱為「梁譯」。譯《華嚴經》的實叉難陀，也曾譯過這部論，通常稱為「唐譯」。現在所講的，是梁譯本。據《慈恩傳》說：當時印度已沒有《大乘起信論》了，於是玄奘特別將此論依中文本轉譯成梵文。

此論的內容分為五分：(1)因緣分，(2)立義分，(3)解釋分，(4)修行信心分，(5)

勸修利益分。

本論的文義明整，解行兼重，為古今佛教學人盛行傳誦。據傳當時真諦和他的弟子智愷都造有疏釋，隨後隋代曇延、慧遠也各造疏記，智顗、吉藏的著述中也引用此論文；唐代佛教界對於此論的真如受薰之說，彼地學者聞之驚異。玄奘回國後，又將此論譯成梵文，傳往印度。而在中國由於賢首宗、天台宗的興起，弘贊此論。因而此論入宋以來，流通更盛，一直到近世教、禪、淨各家，都以此論為入道的通途而重視它。

成實論

《成實論》（梵名 Satyasiddhi-sastra），主要是審慎明辨四諦所指諸法的論書，本論從羅什譯傳以來，直到唐初的二百餘年之間，在中國佛教教學上曾經發生相當大的影響，講習本論的學者繼出不絕，被稱為「成實師」。尤其是齊、梁時代，極盛行於江南。

本論共十六卷（或作二十卷），為訶梨跋摩所造，由姚秦・鳩摩羅什翻譯，曇晷筆受，收於《大正藏》第三十二冊。相傳訶梨跋摩狀約佛滅後九百年左右出生於中印度，約當於公元二五〇至三五〇年期間。他生於婆羅門家庭，博通《吠陀》等世典。出家後，師事罽賓有部學者鳩摩羅陀，研習《發智論》。但他認為此論拘泥名相、繁瑣支離，於是自己窮盡三藏，以探教說的本源，時時和同部諸師辯難，卻遇到保守的長老們的壓制。

當時巴連弗的僧祇部眾，對他遙寄同情。此處所說的僧祇部，是指遍覽五部而不主一家，即是屬於「分別論者」一系之以理長為宗者。於是他乃前往共住，因此也得以接觸到大乘思想，泛覽九經，評量五部（律），旁窮異說，考核諸論，斥偏取長，棄末存本，因而有本論之作。論成後，旬日之間，傾動摩羯陀國。後來他又在王廷論屈之勝論學者，被尊為國師。

本論所謂「實」，主要是指審辨苦、集、滅、道四諦所指諸法。論文說四諦，確定五受陰為苦，諸業及煩惱為集，苦盡為滅，八聖道為道，並說明「為成是法，故造斯論」。現今考據在作論的當時，部派佛教中最流行的有三大家，即：毗曇師（有部）、譬喻師和分別論者，他們對於四諦法的解釋各執一詞，本論的宗旨在於成立譬喻師的四諦義，以區別於其他二家，所以經名為「成實」。

本論共有二〇二品。在漢譯時，譯本的正寫者曇影，以論問答爭論，回環往復，大段難明，於是綜括論文，區分為發、苦諦、集諦、滅諦、道諦五聚，甚得譯主羅什的讚許，這就成了現行論本的結構。

《成實論》在齊、梁時代，極盛行於江南，一般常以此論和舊傳的有部毗曇之學相對立，因而有和「毗曇師」並行的「成實師」這一學系。

因明入正理論

《因明入正理論》（梵 Nyāya-pravésa）本論在為研究唯識宗必需通達的要籍。流傳於日本之後，被廣大發揚，著述解說也極多。

本論為印度．商羯羅主所造，唐．玄奘於貞觀二十一年（公元六四七年）譯出，全書共一卷，收在《大正藏》第三十二冊。

作者商羯羅主的歷史已難詳考，根據窺基《因明入正理論疏》說他出於陳那門下。今人的研究推測他可能是陳那早年的弟子，可能是南印度的人。

本論的名稱「入正理」，有兩層意義：第一，陳那早年關於因明的重要著作是《正理門論》，文字簡奧，不易理解，本論正可以做為其入門階梯，所以稱為入正理。第二、「正理是因明論法的通名，本論為通述論法的門徑，所以稱為「入正理」。窺基大師曾說此論「作因明之階漸，為正理之源由。」

本論的內容，在開頭有總括一頌說：「能立與能破，及似唯悟他。現量與比量，及似唯自悟。」這就是所謂的「八門（能立、似能立等）二益（悟他、自悟）」實際包涵了諸因明論所說的要義。這八門二益雖然不出陳那諸論的範圍，但本論是做了一番整理補充的功夫的。

本論是一部極其精簡的著作，詞約而義豐，但仍包括不盡，所以在論末更總結了一頌說：「已宣少句義，為始立方隅，其間理非理，妙辯於餘處。」這是要學者更參照陳那所著的理門集論而求深入的，這是本論的內容和特點。

本論的譯者玄奘在印度遊學時，對於因明到處參聞，回國三年之後就譯出了本論。譯本概出，玄奘又口授講義，都是創聞新說，所以他門下弟子，奉為秘寶，競相為本論作註疏。其中大莊嚴寺文軌和慈恩寺窺基所作尤為流行。

本論在玄奘大師門下，不但傳習很盛，並且立破方法還被運用到各家著述之中，因而成為研究慈恩（唯識）一宗必需通達的要籍。只是歷時不久，即隨著唯識宗的衰微，而逐漸無人過問。傳入日本後，反而廣大的發揚。

寶行王正論

《寶行王正論》（梵 Ratnāvalī）本論站在大乘佛教立場，論述國王、國民應該實踐正法之著作。

全文共一卷，由陳・真諦所譯，收在《大正藏》第三十二冊。內分五章，即：安樂解脫、雜、菩提資糧、正教王、出家正行。其中，第一章，首先論述佛教的世界觀、批判外教徒的世界觀，並敘述業及緣起的教義。第二章，舉出善惡的行為，勸善行、誡惡行。第三章，論述依善行完成王者及佛的功德；王者應該建立寺塔、佛像及服務社會。第四章，詳論王者應行之道。第五章，敘述菩薩的十地思想及修行佛法之道。

關於本書之作者問題，漢譯本未載作者之名；然西藏譯本則說是龍樹所作。漢譯中類似的文獻，有唐・義淨譯《龍樹菩薩勸誡王頌》一卷，及其二異譯本《龍樹菩薩為禪陀迦王說法要偈》與《勸發諸王要偈》。

迴諍論

《迴諍論》（梵 Vigraha-vyāvartanī），為龍樹菩薩所著五論之一。

本論為後魏．毗目智仙、瞿曇流支共譯，全文共一卷，收在《大正藏》第三十二冊。本書為龍樹五部論的第四論，由四十七偈及作者自身對各偈的註釋所構成。前一部分是敵論者對大乘教義「一切法空無自性」（緣起）的駁難。後者是龍樹對那些論難的反駁，以及對「無自性、空」之學說的宣揚。其中最主要的部分是關於無自性的闡述、無自性的認識根據，以及自性（實體）的成立不成立等的論述。

書中敵論者所持的主張即正理學派的主張，正理學派與龍樹之間論爭的事實，曾在龍樹五部論中的第五部《廣破論》中提出。而《迴諍論》第四、五兩偈所提的正理學派所說量（認識根據）的問題，在《廣破論》中也曾詳細地論及。

本書有藏、漢譯本。漢譯本係譯者於後魏．興和三年（五四一）在鄴都金華寺所譯出。

入中論

《入中論》（梵 Madhyamakāvatāra），為中觀思想的入門書。本論為印度中觀歸謬論證派之大成者月稱所著，全書包括本頌三二九頌及作者自註。

內容係依據《十地經》，將菩薩的發心分為十階位，分十品論述十波羅蜜，其後再加二品，敘說菩薩地及佛地的功德，共計十二品。卷首首先讚歎大悲，以大悲心、智慧和菩提心為菩薩因，而大悲心是智慧和菩提心的根本，其次說出造論的目的，並進一步解說《中論》之精要。文中所引用的經論，有《般若經》、《中論》、《十地經》、《楞伽經》等三十多種。

本書十二品中，第六品詳說中觀歸謬論證派的學說，內容約占全書的四分之三，可說是本論的中心。文中以《十地經》為經證，以龍樹的《中論》為理證，以論說緣起（即般若波羅蜜）的修習，以及人法二無我、空性的差別。其中，並將人法二無我之理論，與唯識派、順世派、數論學派、勝論學派、吠檀多學派及正量部等學說相比較，並加以批判。此外，又述及二諦說、了義未了義的抉擇、無自性、假設有、歸謬論法等中觀派的主要論題。關於空性的差別，則依《般若經》解說十六空和四空。

本論對寂天的《入菩提論》等後期論書有很大的影響。尤其對十二世紀以後的西藏佛教影響更大。如西藏佛教的改革者宗喀巴，在其主要著作《菩提道次第論》中，即以本書為重要典據而屢加引用。在近世黃教的寺院裏，此論仍然甚被重視。

關於本書的註疏，有勝喜的《入中觀論註疏》，及宗喀巴的《入中論善顯密意疏》。本書梵本已闕；但有西藏譯本。近世名僧法尊即依據藏譯本譯出《入中論講記》及宗喀巴的《入中論善顯密意疏》。

入菩薩行論

《入菩薩行論》（梵 Bodhicaryāvatāra），本論為印度中觀派論師寂天所著，譯傳到西藏後，成為迦當派宗為六論之一。

西藏各派都有註釋，其中以宗喀巴的上首弟子賈曹傑所著《入菩薩行論釋佛子津梁論》為最著稱。本論是修菩薩行的代表作。宗喀巴也非常珍視這部論，他著的《菩提道次第廣論》中引用了本論三分之一以上的文句。西藏行者有以本論作為課誦本每日分段念誦。尤以本論最後第十〈迴向品〉列為藏族佛教徒課誦的「五大願文」之一「入菩薩行願」，影響甚鉅。

本論作者為印度中觀派論師寂天，中國西藏佛教前弘期，首先由印度一切智天同西藏吉祥積，譯成藏文，後人又重譯校改成為現在流通的藏文頌本。在漢文譯典中，宋太宗雍熙二年（西元九八五年）由天息災翻譯，名為《菩提行經》共四卷，八品，七八六頌，較藏文本缺兩品，少一二七頌零三句，文義也有出入。

本文據藏文頌本略作介紹。

本論作者寂天，為南印度梭羅修多國德鎧王之子，原名寂鎧。他成長以後，不願繼承王位，在登位前夕，逃出宮廷，行至一片森林地帶，遇見一個婦女，把他帶到森林深處，見到一位瑜伽行者，傳授他許多甚深教法，依法修習，獲得禪定和智慧。後到中印度那爛陀寺從勝天出家，取名寂天，著有《學處要集論》和《諸經要集》。而《入菩薩行論》，則是由在座的學者們，聽聞後記誦下來的。

本論文體全以頌文寫成，所以又名《千頌》。但現在通行的藏文本，只有九一三頌零三句。除第一頌皈敬三寶，第二第三頌說明造論的因由外，其餘的頌，共分十品，分別說明發菩提心和修菩薩行的方法，說發菩提心的有四品，說修菩薩行的有六品。

本論梵文註釋很多，僅從西藏大藏經中由梵文譯成藏文的註釋就有十種之多，本論譯傳到西藏後，又為迦當派宗為六論之一。以後各派都有註釋，其中以宗喀巴的上首弟子賈曹傑所著《入菩薩行論釋佛子津梁論》最為著稱。西藏行者有以本論作為課誦本每日分段念誦。尤以本論最後第十〈迴向品〉列為藏族佛教徒每日課誦的內容，可見其流行之廣。

中觀莊嚴論

《中觀莊嚴論》（梵 Madhyamakalamkara-karika），乃繼承以清辨為首的自立論證派的中觀學說，再運用月稱的論理學及認識論之體系下的論理學方法，在偏重中觀思想之下，企圖綜合中觀與唯識思想的一部論著。

本論為瑜伽行中觀派之祖寂護著，全書共計有九十七頌首偈，首頌強調一切法無自性，猶如影像。第二至六十二頌，依據第一頌的理念，透過對諸學派的批判而明示正理。其批判的對象，除了勝論學派、有部的極微說之外，重心仍在識論；即駁斥認為識有相（akara，形象）的「有相說」，以及無相的「無相說」。透過這一批判，以顯示一切存在皆無單一性。

第六十三頌以下，一面論述一切無自性的論理學方法如何得以存立，一面論述世俗諦與勝義諦的關係，以揭示瑜伽行中觀派的學說。本書並沒有漢譯本，梵本今也不復存在，只能從若干論書所引用的出處知其片斷。全書僅有西藏譯本。註疏有寂護自著的《註》，以及其弟子蓮華戒的《細戒》；也只有西藏譯本。

金剛經的修鍊
心經的修鍊
大日經的修鍊
圓覺經的修鍊
藥師經的修鍊
法華經的修鍊
地藏經的修鍊
華嚴經的修鍊
維摩詰經的修鍊
六祖壇經的修鍊
觀無量壽經的修鍊
楞嚴經的修鍊
佛經即生活，生活即佛經，
圓滿覺悟諸佛菩薩的生命境界！

佛教小百科39

《佛教的重要經典》

編　　者　全佛編輯部
執行編輯　蕭婉甄、劉詠沛、吳霈媜
出　　版　全佛文化事業有限公司
訂購專線：(02)2913-2199
傳真專線：(02)2913-3693
發行專線：(02)2219-0898
匯款帳號：3199717004240 合作金庫銀行大坪林分行
戶　　名：全佛文化事業有限公司
E-mail:buddhall@ms7.hinet.net
http://www.buddhall.com
門　　市　新北市新店區民權路95號4樓之1（江陵金融大樓）
門市專線：(02)2219-8189
行銷代理　紅螞蟻圖書有限公司
台北市內湖區舊宗路二段121巷19號（紅螞蟻資訊大樓）
電話：(02)2795-3656
傳真：(02)2795-4100

初　　版　二〇〇四年四月
初版二刷　二〇一七年九月
定　　價　新台幣二九〇元
I S B N　978-957-2031-47-6（平裝）

國家圖書館出版品預行編目資料

佛教的重要經典 / 全佛編輯部主編.
-- 初版. -- 臺北市：全佛文化, 2004 [民93]
面；　公分. -- (佛教小百科系列：39)

ISBN 978-957-2031-47-6(平裝)

1.藏經－目錄
221.02　　　　93005554

BuddhAll

BuddhAll.

All is Buddha.

BuddhAll